武田知弘

大日本帝国をつくった男

初代内閣総理大臣・伊藤博文の功罪

KKベストセラーズ

まえがき　～初代にして最年少の総理大臣

日本の最年少の首相は、誰かご存知だろうか。

実は、伊藤博文《いとうひろぶみ》なのである。

伊藤博文が総理大臣になったのは、弱冠44歳であり、戦前戦後を通じて最年少である。

つまり伊藤博文は、初代にして最年少の総理大臣なのである。

日本の総理大臣というと、老人の官職というイメージを持っている人も多いはずだ。

しかし初代首相は、44歳の若々しさを持っていたのである。

しかも、伊藤博文は若いだけではない。

日常的に英字新聞を読みこなすというグローバル人であり、幕末は高杉晋作《たかすぎしんさく》のクーデターに参加して成功を治めるなど、優れた軍人でもあった。

伊藤博文というと
「天皇主権の憲法をつくった人物」

「韓国を併合したために韓国人に暗殺された人物」

として、戦前日本の暗部的な見方をされることが多い。

が、伊藤博文は、日本を「封建制度」から「近代国家」に劇的に生まれ変わらせた立役者なのである。

明治維新前までの日本は、移動の自由も、職業の自由もなく、人権も保障されていない封建制度の中にいた。たった150年前の日本人は、ほとんどの者が親の職業を継ぎ、生まれた場所で一生を過ごすことしかできなかったのである。

しかし日本は明治維新によって、ほとんど一夜にして、この封建制度をぶち壊し、「自由」で「近代的」な社会をつくったのである。

世界中、こんな国はほとんどない。ほとんどの国で、封建制度から近代国家になるまでには長い時間がかかっているものなのだ。

日本のこの素早い近代化は、そう簡単にできたものではない。当時の日本の指導者たちの綱渡りのような決断、行動力によって、成し遂げられたものなのである。

明治の功勲《こうくん》の中でも伊藤博文の功績は、凄まじいモノがある。

憲法、国会だけではなく、銀行、鉄道、電信、四民平等など、明治維新の重要な変革のほとんどを伊藤が深く関与しているのである。伊藤がいたからこそ、日本は素早く封建制度を脱し得たのだ。

戦前の日本、つまり「大日本帝国」は伊藤博文がつくったとさえいえるだろう。また詳細は本文で述べるが、伊藤は名義の上で「大日本帝国」の生みの親でもある。

にもかかわらず、伊藤の業績について述べられた書物というのは意外なほど少ない。正確な統計はないが、坂本龍馬《さかもとりょうま》の100分の1もないのではないだろうか。それは、韓国で暗殺されたという暗いイメージによるものだと思われる。


本書では、あまり語られることのなかった伊藤博文の業績を、あらためて追求してみようというのが趣旨である。もちろん伊藤の功績だけではなく罪の部分も冷静に分析していきたい。

それは、すなわち「大日本帝国とは何だったのか?」ということを知ることになるのではないかと、筆者は考えている。

武田知弘

大日本帝国をつくった男――初代内閣総理大臣・伊藤博文の功罪　◎　目次

第二章 「封建制度」をぶっ壊せ！

第三章 「文明開化」の伝道師

※本書の引用部分につきまして、原文の記述を損なわない範囲で一部要約した箇所があります。
また、歴史的仮名遣い及び正漢字も、新仮名遣い及び新漢字に変更した箇所があります。
※敬称につきまして、一部省略いたしました。役職は当時のものです。

第一章
マンガのような激動の青年時代

貧農民から武士階級へ

伊藤博文は、天保12（1841）年、長州藩の農民、林十蔵《はやしじゅうぞう》の長男として生まれた。

父、林十蔵の「本家」は庄屋をしており、十蔵もその補佐役などをしていたが、十蔵自身は決して富裕ではなかった。本業の農業自体は、田五反、畑二反しかなく、貧農の部類に入ったのだ。

しかも伊藤博文が5歳のときに、引負《ひきおい》のため田畑が人手に渡ってしまう。引負とは、年貢が払えなくなる状態のことで、現在でいうところの破産のようなものである。

林十蔵は破産した後、妻子を残して単身、萩《はぎ》に出て働き口を探した。

萩は、長州藩の政庁があるところであり、長州藩の首都、今でいえば県庁所在地である。それなりににぎわいがあり、武士の街でもあった。

この萩で林十蔵は、足軽の伊藤直右衛門《いとうなうえもん》のところで奉公人の働き口を見つけた。そして3年後には、妻と息子（伊藤博文のこと）を呼び寄せることができたのだ。

伊藤博文は相当な「愛されキャラ」なのだが、父、林十蔵もまた相当の「愛されキャラ」だったらしい。

林十蔵は、この伊藤直右衛門にすっかり気に入られて、養子に入ることになった。伊藤直右衛門は80歳という高齢だったが、跡取りがいなかったので、林十蔵を養子に取ることにしたのだ。

伊藤直右衛門は80歳になるまで養子をとっていなかったのに、出会って数年の林十蔵を養子にするということは、林十蔵がよほど、人に好かれる素地があったのだろう。伊藤博文の「愛されキャラ」は、この父、林十蔵の血を受け継いだものなのかもしれない。

また伊藤直右衛門は、伊藤博文の才覚も気に入っていたという。伊藤家を林十蔵とその息子に継いでもらいたいと思ったらしいのだ。

伊藤博文（青年期）

この養子縁組は、伊藤博文の将来に大きな影響をもたらす。
父が足軽の家に養子に入ったため、伊藤博文も足軽の籍に入ることになった。
幕末とはいえ江戸時代なので、やはり武士か農民かということは大きかった。武士であれば、才があれば出世する可能性もあるが、農民の場合、そういう機会は非常に少なかった。

明治の元勲や著名な勤王の志士のほとんどが、武士階級出身であることを見れば、それは明らかである。

「愛されキャラ」を発揮した少年期

伊藤博文は、12～13歳のころ、「久保塾」という私塾に通っている。

江戸時代には、私塾がけっこう充実しており、武士階級だけじゃなく、町民や農民でも私塾に通って読み書きくらいはできる者が多かった。

一応、武士階級であった伊藤は、当然、私塾に通った。

伊藤が通うことになった久保塾は長州藩士の子弟が通っており、「松下村塾《しょうかそんじゅく》」の俊英といわれた吉田稔麿《よしだとしまろ》もいた。

吉田稔麿は天保12（1841）年、長州藩の足軽より低い中間という身分の家に生まれた。幼少期から秀才の誉れ高く、松下村塾でも抜きんでた存在だった。長州藩の尊王攘夷運動に参加し、池田屋事件に遭遇し24歳で死去している。

この吉田稔麿と伊藤博文とは同い年であり、おそらくこの久保塾のころから友人関係となっていたと思われる。

嘉永6（1853）年、日本中を揺るがす大事件が起きる。

ペリー来航である。

当時、伊藤は、長州藩に命じられ沿岸警備のため、警備隊の一員として相模《さがみ》に赴《おもむ》く。このときは、黒船への備えのため、日本中の藩が沿岸警備に駆り出されたのである。日本中の武士たちが、黒船の威容《いよう》を間近に見たのだ。

その衝撃が、幕末の尊王攘夷運動につながっていくのである。

伊藤は、この沿岸警備のときに、ある重要な人物と出会う。長州藩の上士だった来原良蔵《くるはらりょうぞう》である。

来原良蔵は、ペリー来航にあたって作事吟味役を務め、陣地の構築などを指揮していた。彼は吉田松陰《よしだしょういん》などとも深い関係があり、長州藩の改革に取り組む新鋭官僚だったのだ。

来原良蔵は、当時14歳だった伊藤博文の利発さを買い、この後、何かと引きたてるようになる。

警備部隊の下っ端に過ぎない伊藤を見出すということは、伊藤はかなり目立った存在だったのだろう。

「愛されキャラ」の本領発揮というところである。

そして、この来原良蔵との出会いにより、伊藤の未来は大きく開けるのだ。

「松下村塾」に入塾

この来原良蔵の紹介により、伊藤博文は萩に戻ったとき、吉田松陰の松下村塾に入塾することになる。

松下村塾……稼働期間は2年足らずなのに、高杉晋作や久坂《くさか》玄端《げんずい》など、幕末の英傑を数多く育てた〝伝説の私塾〟である。ご存知の方も多いはずだ。

吉田松陰は文政13（1830）年、長州藩士、杉百合之助《すぎゆりのすけ》の次男として長門国松本村（現・山口県萩市）に生まれている。

11歳にして藩主毛利《もうり》敬親《たかちか》の御前で講義を行うなど、松陰は幼い頃からその才能が認められていた。15歳になると松本村で開塾した玉木文之進《たまきぶんのしん》の私塾で学び、19歳で兵学者として自立する。

　吉田松陰は、勉学も優秀だったが、その行動力にも凄まじいものがあった。

　嘉永6（1853）年、アメリカのペリー艦隊が来航し、それを見た松陰はこれからの日本の未来のため、世界の情勢を見極めようと外国留学を決意する。松陰はまず、長崎に寄港していたロシア軍艦に乗り込もうとするが、すでに出港していたため密航失敗に終わった。

　しかし、一度失敗したからといって松陰の意志は変わらず、静かに密航の機会を窺《うかが》っていた。翌嘉永7（1854）年、再びペリーが日米和親条約締結のため来航した。松陰はこの絶好のチャンスを逃すものかと、門弟と二人で下田に停泊中の米艦隊ポーハタン号に小舟で近づき艦隊に乗り込んだ。

吉田松陰

　そして、自分たちをアメリカへ連れて行って欲しいと必死に訴えた。が、日本との交渉を控えたアメリカは余計なトラブルを招きたくないと二人の乗船を拒否したため、二度目の密航も失敗に終わったのである。
　結局計画は未遂に終わったのだから、そのまま姿を消すことも出来たのだが、松陰は自ら幕府に自首し、長州藩の野山獄に幽囚《ゆうしゅう》されたのだ。狂気的な純粋さである。

翌年、免獄となった松陰は生家である杉家での幽閉生活を許され、安政3（185
7）年、藩の許しを得て、叔父から私塾を引き継いだ。
それが松下村塾なのだ。


伊藤博文が、松下村塾を訪れたのは、このころである。

この松下塾の門下生からは、伊藤博文のほか、高杉晋作、久坂玄瑞、山縣有朋《やまがたありとも》、吉田稔麿、前原一誠《まえばらいっせい》など、のちに幕末から明治にかけて活躍した人材が多く輩出している。

伊藤博文は、この吉田松陰からも強い影響を受けたようである。

後年、伊藤は自ら望んで、秘密留学生としてイギリスに渡るが、それも松陰の行動力から触発されたものがあったに違いない。

また松陰も、伊藤のことを高く買っていたようである。

松陰は伊藤のことを「周旋《しゅうせん》（政治）の才がある」と評している。

長州藩が6人の藩士を時勢研究のために京都に派遣したとき、伊藤は松陰の推薦でこの6人の中に入っている。

ちなみにこの6人の中には、あの山縣有朋もいた。

山縣有朋は、天保9（1838）年に長州藩の足軽以下の中間という身分の家に生まれている。槍術に優れ、後年、高杉晋作がつくった奇兵隊に入り、軍人として頭角を現す。戊辰戦争などで功があり、明治維新後は陸軍の親玉的な存在に長く君臨した。つまり伊藤博文は山縣有朋とも、かなり以前から知り合っていたのである。

また松下村塾には、久保塾でも一緒だった吉田稔麿がいた。

吉田稔麿も伊藤を気に入っていたらしく、自分が読み終わった書物をよく博文にあげていたという。

木戸孝允

木戸孝允との出会い

来原良蔵は、安政6（1859）年9月には、伊藤博文をかの木《き》戸《ど》孝允《たかよし》に紹介した。

木戸孝允は、天保4（1833）年、長州藩の藩医の家に生まれるが、7歳のときに上士の桂《かつら》九《く》郎《ろう》兵《べ》衛《え》孝古《たかふる》の養子となった。少年期から文武に優れ、嘉永5（1852）年江戸に剣術留学し、たった1年で名門道場「練兵館《れんぺいかん》」の免許皆伝を得るなど剣術家としても名をはせていた。

そして幕末の動乱期には、長州の代表格として薩長盟約、倒幕運動を主導し、維新の元勲の一人に数えられることになる。

伊藤と出会った当時、木戸はすでに長州藩の要職を務め、将来は長州藩を背負って立つ人物と目されていた。

来原良蔵は木戸孝允の妹を妻にしており、つまり木戸孝允の義弟だったのだ。来原は、「非常に利発な少年がいるから面倒を見てほしい」という感じで、木戸に伊藤のことを持ちかけたのだろう。

伊藤は木戸孝允の「手付」として、江戸で学ぶことになったのだ。手付というのは、使用人、従者というような位置の者である。つまり、木戸の従者として、江戸に上ったのである。

これが伊藤博文17歳のときのことである。

来原良蔵はどこまで世話を焼いてくれるのだ、という感じである。それほど伊藤博文に将来性を感じたということであり、また伊藤が愛すべき人物だったのだろう。

しかも紹介された木戸孝允の方も、すっかり伊藤を気に入るのである。

木戸孝允は、伊藤博文よりも8歳年長であり、このとき25歳である。25歳から見れば、17歳はまだ少年であり、弟のように感じたのかもしれない。

伊藤博文の後の回想によると「木戸孝允からは手付というより友人のような扱いを受けた」という。この木戸孝允との関係が、伊藤の将来に大きな影響を及ぼすことになる。

伊藤が明治新政府でいきなり高級官僚になれたのは、木戸との関係が大きいのである。

勤王の志士となり、「尊王攘夷」論者に

伊藤博文は江戸滞在中、いっぱしの勤王の志士になっていく。木戸孝允が尊王攘夷運動の中心にいたので、必然的にそうならざるをえなかったともいえる。

当時は、尊王攘夷運動の嵐が吹き荒れていた。

「そもそも尊王攘夷運動とは何なのか？」ということを、まずざっくり説明しておき

たい。

江戸時代というのは、徳川家による江戸幕府が政権を担っていた。

江戸時代の中ごろから、この政治体制に疑問を投げかける運動が起こっていた。これは「水戸学」と呼ばれるもので、「もともと日本は朝廷が統治していたものであり、朝廷が政治を行うのが本来の姿」という考え方である。

水戸学というのは、水戸藩で起こった思想である。

「水戸黄門」で有名な水戸光圀《みとみつくに》公が、日本の歴史書である『大日本史』の編纂を開始した。これは、天皇の始祖である神武《じんむ》天皇以来の日本の歴史を著述したもので、明治になってから完成したという長大な歴史書だった。

この『大日本史』編纂の過程で、そもそも日本というのは天皇が統治していたのだから、本来は天皇が政権を担うべき、という「水戸学」が生まれてきたのである。

この水戸学は、江戸時代半ばから幕末まで、知識人たちの間ではスタンダードな政治思想となった。

勝海舟《かつかいしゅう》らの幕臣から、西郷隆盛《さいごうたかもり》、木戸孝允らの薩長、坂本龍馬らの脱藩浪士たちまで、幕末の有識者の大半は、水戸学に影響を受けているのである。水戸学というのは、当時の日本の常識的な思想だったといえるのだ。

図1　伊藤博文関連年表Ⅰ

天保12(1841)年9月	伊藤博文、生まれる。
嘉永6(1853)年7月	ペリー来航。通商を求め、将軍に親書を渡す。幕府は、一年後に返答すると回答し、ペリーを一旦、引き取らせる。 伊藤博文、沿岸警備で相模に赴く。
嘉永7(1854)年2月	ペリー再来航。日米和親条約が締結される。
安政5(1858)年6月	日米修好条約が結ばれる。これは日本側に関税自主権がなく、アメリカ人は日本滞在中に日本の法律で裁かれることがない、という不平等条約だった。これを機に、尊王攘夷運動が燃え盛る。
安政5～6(1858～1859)年	安政の大獄。幕府の方針を批判する者たちなどを弾圧する。伊藤博文は、この時期に木戸孝允の手付として江戸に遊学し尊王攘夷運動に染まる。

そしてペリーの来航で、この水戸学が化学反応を起こすのである。

前述したように、嘉永6（1853）年、アメリカのペリー提督による4隻の軍艦、いわゆる〝黒船〟が横浜の浦賀沖に来航した。

彼らは、日本との交易を求め、大統領の親書を携《たずさ》えてやってきたのである。しかも、「断れば一戦も辞さず」という姿勢さえ持っていた。

これには、もちろん日本中が驚いた。

このつい十数年前に起きた「アヘン戦争」のことは、幕府や諸藩の知識人たちには、かなり知られていた。

イギリスが清にアヘンを秘密裏に売りつけたことで、イギリスと清の関係が悪化し戦争になった。この戦争で清は手痛い敗北を喫し、香港などを租借地とされるなど植民地化されつつあった。

それを知っていた有識者たちにとっては

「ついに日本にも来たか」

ということだった。

また当時、日本近海にはロシアやイギリスの艦船がたびたび出没し、トラブルになったりもしていた。

しかし欧米諸国が、これほど直接的に圧力を加えてきたのは初めてだった。

幕府は、対処に困り、とりあえず親書だけを受け取り、1年後に回答すると言って、なんとかペリーを引き取らせた。

幕府は東京湾沿岸に砲台をつくり、ペリーの再来に備えた。その半年後に、ペリーは再来し、幕府は仕方なく、アメリカと和親条約を結んだ。

これで、250年続いた鎖国を解いたのである。

その4年後の安政5（1858）年、幕府は、アメリカとの間で通商条約である「日米修好通商条約」を結んだ。

これは、関税自主権が認められず、治外法権を認めさせられる、という不平等条約だったことから、国中で不満の声が上がった。

この「不平等条約」が、明治維新の大きな要因となるのである。

不平等条約を結んでしまった幕府に対して「不甲斐ない」という声が充満し、それが尊王攘夷活動に発展していくのである。

アメリカとの間に結ばれた不平等条約に憤った者たちが、「もう政権は幕府には任せてはおれない。天皇を中心とした強力な国家をつくり、外国を打ち払うべき」という考え方を持つようになった。

それが尊王攘夷運動なのである。

伊藤博文もこの尊王攘夷運動に引き込まれていくのである。

もちろん当時の日本は、欧米諸国から見れば国力が随分劣っていたので、外国を打ち払うことなどは現実的に無理だった。

しかし「勤王の志士たち」の大半は、欧米列強の国力を知らなかったので、本気で外国を打ち払えると思っていたのだ。

伊藤博文は、後年、秘密留学生としてイギリスに渡り、「外国を打ち払う」ということがいかに非現実的なことなのかを悟り、開国論者になるのだが、この当時はバリバリの尊王攘夷論者だったのだ。

「英公使館焼き討ち」に参加

この江戸滞在中に伊藤博文は、あの高杉晋作と行動をともにすることも多かった。

高杉晋作とは……武士以外の身分から兵を集めた「奇兵隊」を創設したり、クーデターにより長州藩の政権を奪取し討幕運動を行うなど、言わずと知れた明治維新の立役者の一人である。

高杉晋作は天保10(1839)年、長州藩の上士、高杉小忠太《こちゅうた》の長男に生まれる。高杉家は名家であり、能力次第では藩の重役などにも取り立てられる家柄だった。晋作は幼少期から文武に優れていたので、藩のエリートコースを進むと周囲から期待されていた。

彼の人生を大きく変えたのも、吉田松陰である。

1857（安政4）年、吉田松陰の松下村塾に入り、思想的に大きな影響を受ける。伊藤博文も前年に松下村塾に入っており、このときに両者は知り合ったものと思われる。

伊藤が江戸に出てきたとき、高杉晋作も江戸で遊学中だった。高杉は何かと伊藤を連れまわしていたようである。この江戸滞在時に、高杉と伊藤は、ともに吉田松陰の亡骸を葬っている。伊藤が江戸に赴いていた安政6（1859）年、吉田松陰は、「安政の大獄」により江戸に送致されていた。

高杉晋作

松陰は取り調べの際に、言わなくてもいい幕府老中の間部詮勝《まなべあきかつ》の暗殺計画を自ら暴露し、さらに自らの思想を語り、幕府の政治批判を行った。そのため斬首刑に処せられてしまうのだ。

松陰は獄中で「留魂録《りゅうこんろく》」を書き残し、同年の10月27日、斬首の刑に処され、30歳の若さでこの世を去った。

吉田松陰の亡骸は、幕府の手で小塚原の刑場近くにある回向院に葬られていたが、たまたま江戸にいた高杉晋作、伊藤博文らによって長州側に返還され、世田谷の若林へ運ばれ埋葬された。

この当時、高杉晋作もバリバリの尊王攘夷主義者だった。

高杉は文久2(1862)年には、イギリス公使館を焼き討ちしようという計画を立てた。伊藤博文も、この焼き討ち事件に参加している。

伊藤博文は、この高杉晋作にも弟分として可愛がられた。

高杉晋作は、木戸孝允と違って、思慮するよりも先に行動するというようなタイプであり、いわゆる「やんちゃ坊主」のような面があった。

学究肌の木戸孝允、ガキ大将の高杉晋作——。伊藤博文はその両方ともとうまく付き合い、愛されたのである。

イギリス留学を決意

伊藤博文は、文久3(1863)年5月、長州藩の秘密留学生としてイギリスに渡っている。

この留学は、井上馨《いのうえかおる》が藩に強く働きかけて実現したものである。

井上馨は、後に伊藤とともに明治新政府の屋台骨を支える政治家となる人物である。天保6（1836）年、長州藩士の家に次男として生まれ、藩の明倫館に学び、この当時は江戸に遊学していた。この井上馨は生涯にわたって伊藤を補佐するような役割を果たすことになる。

伊藤博文は、この井上馨とも江戸で知り合っていた。井上は、伊藤よりも6歳年長であり、しかも家柄は上士階級に属していた。

が、伊藤と井上は馬が合ったらしく「親友」となる。

井上馨

高杉晋作や木戸孝允は、伊藤を弟分とみていたが、井上は高杉よりも年長だったにもかかわらず、伊藤と同等の付き合いをした。井上には「人の良さ」のようなものがあったようである。
秘密留学については、井上が伊藤をしつこく誘ったようである。
当時の伊藤は、尊王攘夷活動に没頭しており、前述したイギリス公使館焼き討ち事件のほかにも、江戸の国学者、塙忠宝《はなわただとみ》の暗殺に加担したりもしていた。

伊藤は、尊王攘夷活動を続けたかったので、一旦は、井上の誘いを断った。が、井上はめげずに誘ってきた。西洋への渡航は師である吉田松陰が熱望していたこともあり、ついに伊藤はイギリス留学を決意する。

この留学は、井上たちが半ば強引に企画したもので、正式な藩の許可を受けたものではなかった。そのため、場合によっては、藩から処罰される恐れもあった。というより、当時は幕府の命令により海外渡航は禁止されていたので、下手をすれば死罪になるかもしれなかった。

井上馨は、当時は、志道家《しじけ》という名門士族の養子になっていたのだが、留学の際には、養家に迷惑がかかるのを恐れ、離縁を申し立て、当時名乗っていた志道《しじ》姓から生家の井上姓に戻している。

それほど強い決意を持っていたという事である。

井上は、横浜にいたイギリスの領事ジェームス・ゴワー（James Gower）に手続きを依頼した。このとき、ジェームス・ゴワーは、留学には数千両かかると言った。井上が準備していた金よりも、はるかに高い。

そこで江戸の長州藩邸で兵学の教授をしていた村田蔵六《むらたぞうろく》に相談した。村田蔵六というのは、後の大村益次郎《おおむらますじろう》のことである。

村田蔵六は、長州藩の医者の家に生まれ、シーボルトの弟子である梅田幽斎《うめだゆうさい》や大坂の緒方洪庵《おがたこうあん》の適塾で学んだ。適塾では塾頭になるなど、勉学に秀でていた。この当時は、長州藩に請われて兵学を教えていたのである。

村田蔵六は、苦慮したが、井上たちの決意を見込んで最後は了解した。村田も、自分自身が西洋の学問への憧憬があったことから、井上たちの気持ちが理解できたのだろう。

しかし長州藩の金庫から勝手に引きだすわけにはいかなかったので、長州藩の御用商人の大黒屋（榎本六兵衛《えのもとろくべえ》）に、5000両借り受けるという形にした。そして、長州藩には事後報告をして、許可を得たのである。

英語上達は船員の下働きをしたおかげ!?

このとき、イギリスに渡ったのは、井上馨と伊藤博文のほか遠藤謹助《えんどうきんすけ》、山尾庸三《やまおようぞう》、野村弥吉《のむらやきち》（井上勝《いのうえまさる》）の計5人である。

5人は横浜から乗船し、上海を経由してイギリスに向かう予定だった。


船が上海に寄ったときのことである。

伊藤たちが留学の世話を頼んでいたジャーディン・マセソン商会の上海支配人が、伊藤と井上に「何の勉強に行くのか」と聞いた。

5人のうち誰も英語を理解できるものはおらず、少しばかり心得があった井上が、「NAVY（海軍）の研究」と答えた。しかし、「NAVY」と言ったはずが、「NAVIGATION（航海術）」ととられてしまったという。

そのためジャーディン・マセソン商会の上海支配人は、船の船長に対し、「この二人は航海術の訓練をしたいそうだから、航海中に鍛えてやってくれ」と連絡した。そして伊藤と井上は、上海からロンドンまで、船員の下働きをさせられる羽目になったという。

船員たちは伊藤たちを酷使したため、伊藤たちは船長に抗議したが、言葉が通じなかったため、結局、ロンドンまで下働きをさせられた。

これは、もしかしたら伊藤博文特有の「盛った話」かもしれない。

伊藤博文は、話が非常に面白い人で、いろんなことを面白おかしく語り、聞く人を楽しませた。その話の中には、事実を誇張したり、多少脚色したりした部分があったようである。

だから、この話も今でいうところの「盛っている話」なのかもしれない。しかし、伊藤と井上が、船の下働きのようなことをさせられたのは、本当のようである。この当時は、アジア人を奴隷として売買するようなこともあり、昭和初期に大蔵大臣を務めた高橋是清《たかはしこれきよ》なども、幕末にアメリカに渡ったときに、騙されて奴隷契約を結ばされていたのである。こういう話は、当時は不思議でもなんでもなかったのだ。

が、伊藤と井上は、船員の下働きをしたおかげで、英語が上達したという。

「攘夷は非現実的だ……」と悟る

なにはともあれ伊藤博文と井上馨たちは、どうにかロンドンにたどり着くことができた。

5人はユニバーシティ・ロンドンで、数学、鉱物学、土木工学などを学んだ。そして休日になると鉄道や工場など、様々な施設を見に行ったという。彼らは欧米の文明を自分の目で見ることになった。

鉄の箱が馬より早く動いていく様や、巨大な工場群を見たときの彼らの驚きは、筆舌に尽くしがたいものがあったはずだ。もちろん、攘夷（外国を打ち払う）ということが、いかに非現実的なことであるかを肌身で知ることになる。


伊藤博文は、このときすでに日常会話くらいの英語は理解できていたという。この英語力によって、後年、伊藤は外交問題などで大きな活躍をすることになる。

伊藤は、若干の英語力と持ち前の社交性とバイタリティーを生かし、この留学中、すぐにイギリスの友人をつくったようである。

オックスフォード大学で伊藤と友人だったミトフォードは、後に外交官となり、慶応2（1866）年から明治3（1870）年まで公使館書記官として来日している。

ミトフォードは後に、伊藤博文のロンドン大学時代のことを「彼は精悍で、ハヤブサのように野趣に富んでおり、冒険好きで無類に陽気な青年だった。しかし、仕事に関しては、精確かつ機敏で、いかにも才気あふれる人物だった」と述べている。

伊藤博文の留学期間は半年に過ぎなかったので、たったそれだけの期間で、友人にこのような印象を残しているのだから、やはり伊藤は相当の「愛されキャラ」だったといえる。

衝撃だった「タイムズ紙」の長州藩の記事

イギリスに来て半年経ったとき、伊藤博文たちはタイムズ紙を読んで仰天する。長州藩が下関において外国船に砲撃を開始したというのである。

なぜ長州藩が、外国船に砲撃をし始めたのかというのは、少しややこしい事情がある。それをざっくり説明しておきたい。

前述したように、ペリーの来航以来、日本中で尊王攘夷運動が吹き荒れていた。

この尊王攘夷運動をリードしていたのは、薩摩藩や長州藩だった。薩摩藩や長州藩は、尊王攘夷を藩ぐるみで実行しはじめたのである。

薩摩藩や長州藩は、朝廷に働きかけ、幕府に対して様々な圧力をかけていた。

なかでも、長州藩は特に活発だった。

朝廷の公卿たちを引き入れて、「攘夷運動」「倒幕運動」を行っていた。

文久3（1863）年、天皇は幕府に対して「外国を打ち払え」という命令を出した。これは長州藩士を中心とする尊王攘夷の志士たちが、朝廷の公卿たちに働きかけて実現したものでもあった。

幕府も天皇が出した命令には逆らえない。そのため、幕府も外国を打ち払うという決定をした（「攘夷令」）。

これにより、日本は形式的には外国との戦争状態に入ったのである。

当時、幕府は、アメリカ、イギリスなどと国交を結び、通商条約を交わしていた。にもかかわらず、それと相反する「攘夷令」を出したのである。

長州藩としては幕府を窮地に追い込み、倒幕に追い込もうという作戦だったわけだ。が、長州藩には、真剣に攘夷を行おうという気持ちもあった。外国の怖さを知らない長州藩は、実力で外国を打ち払えると思っていたのだ。

同年、長州藩は幕府の攘夷令をまともに聞き入れる形で、下関を通過する外国船に対して砲撃をはじめたのだ。

下関というのは、当時の日本の交通の要衝である。それを長州藩が、封鎖した形になっていた。下関を封鎖されると、長崎に貿易物資が入ってこなくなり、長崎と横浜でしか貿易ができなくなった当時の外国商社たちは、大きなダメージをこうむっていた。

図2　伊藤博文関連年表Ⅱ

文久2～3(1862～1863)年	長州藩が尊王攘夷運動をリードする。
文久3(1863)年5月	伊藤博文、イギリス留学する。
8月	薩摩藩、会津藩などが策謀した「8月18日の政変」により、長州藩は中央政界から追い出される。
元治元(1864)年6月	伊藤博文、長州藩とイギリス、フランス、アメリカ、オランダの四カ国が戦争状態になっていることを知り急遽帰国。
7月	禁門の変。長州藩、中央政界での巻き返しを図り、京都に軍を進め、薩摩藩、会津藩と交戦。長州藩が敗れる。
8月	馬関戦争。英仏蘭米の連合艦隊が下関を襲撃。
12月	高杉晋作が挙兵。クーデター成功で、長州藩の実権を握る。
慶応元(1865)年	伊藤博文、長州藩の軍備のため長崎を訪れ、グラバー商会、亀山社中などから大量の兵器を購入する。
慶応2(1866)年1月	薩長盟約成立。
6月	第二次長州征伐。幕府軍が長州藩に攻め込むも、長州藩の反撃に遭い、小倉藩領の一部などを失う。
9月	幕府と長州藩が講和する。

もちろん、外国としても黙っておくわけにはいかない。

長州が砲撃した半月後、イギリス艦隊が報復攻撃を行い、下関の砲台や長州藩の所有する艦船を撃滅した。

それでも長州藩は砲台を修理し、外国船に対する砲撃をすぐに再開した。

これに業を煮やしたイギリスは、フランス、オランダ、アメリカにも働きかけて4カ国の艦隊で長州藩を攻撃することにしたのだ。

たった半年の滞在で帰国

伊藤博文ら5人は非常に当惑した。

彼らも、日本にいるときは攘夷主義者だった。

しかし、イギリスに着くと同時に、「攘夷＝外国を追い払う」ことなどは到底不可能であることを悟った。文明があまりにも違い過ぎるからだ。

5人は、侃々諤々《かんかんがくがく》の議論をした。

「まだイギリスに来たばかりなので、勉学を続けたい。

しかし、このままでは長州藩は滅亡してしまう、いや、この事件を契機に日本全体が外国から食い物にされてしまうかもしれない」……。

　5人はかなり悩んだはずである。

　結局、伊藤と井上は、「国が滅べば勉学をしても何にもならない」として、急遽帰国することにした。他の3人には、イギリスに残って勉学を続けるようにと言い残して。


　このときにも面白いエピソードが残っている。

　伊藤たちの留学を依頼されたジャーディン・マセソン商会は、ロンドンでは、ヒュー・マセソンというイギリス人紳士に伊藤たちの所持金や手続きなどを一切を任せていた。ヒュー・マセソンは、ジャーディン・マセソン商会の経営者の親類である。

　伊藤たちが、このヒュー・マセソンに
「日本に帰りたいから金を出してくれ」

と言っても、ヒュー・マセソンはお金を出してくれない。

ヒュー・マセソンは伊藤たちを見て
「お前たちは、勉強が嫌になったから帰るのだろう」

と言って、伊藤たちの言い訳を信じなかったというのだ。

ヒュー・マセソン氏は、ジャーディン・マセソン商会から彼ら5人の一切の面倒を見てくれるように頼まれていたため、監督者のような気分でいたのだろう。

この話は、伊藤博文の談話の中にあるので、もしかしたら、これも伊藤特有の「盛った話」かもしれない。

が、このとき伊藤博文は、弱冠22歳である。ヒュー・マセソンが、若い学生が勉強を嫌がって国に帰るように見えたとしても、おかしくはないのである。

伊藤たちはどうにかこのヒュー・マセソンを説得し、帰りの船に乗ることができた。

この帰国により、伊藤と井上は「明治維新」に参加することになる。残った3人は、明治維新期はイギリスで過ごすことになったのだ。

もし伊藤たちが帰国しなければ、後年の栄達はなかったはずである。イギリスに残った3人は、それなりに明治新政府で重用されはしたが、伊藤、井上の栄達には遠く及ばなかったからだ。

伊藤は、この勘の鋭さと思い切りの良さで、首相まで上り詰めたのである。

できなかった「攘夷中止」

伊藤博文と井上馨には、帰国してからも大変な困難が待ち受けていた。

当時の長州藩は尊王攘夷思想が沸騰しており、この思想を盲信する血気盛んな若者たちであふれていた。

伊藤と井上が
「イギリスはすごいところだ。今の日本が太刀打ちできる相手ではない」

といくら主張したところで、聞き入れてくれる雰囲気ではない。

というより、伊藤自身が、半年前まではそっち側の人間だったのだ。

「攘夷をやめろ」

などと言いだせば、ただちに暗殺されてしまうような空気があった。

それでも、攘夷だけは絶対にやめさせなくてはならない。

横浜に着いた伊藤と井上は、その足でイギリス大使のオールコックを訪ねた。

「長州藩に攘夷をやめるように説得するので、それまで攻撃を待ってくれ」

と頼み込んだのだ。

イギリス大使のオールコックは、伊藤たちの熱意を信用し
「12日間だけ待つ」

と答えた。そして二人を蒸気船で長州の近くまで運んでくれた。

伊藤と井上は、他の藩士にばれないように、秘密裏に藩の上層部にコンタクトを取り、「攘夷をすぐにやめるべきだ」という提言を行った。

しかし藩の上層部は、「防長二州を焦土と化すのみ」と言って、勇ましい主戦論を振りかざし、伊藤と井上の説得に耳を貸さなかった。


文久4（1864）年7月、英仏蘭米の四カ国は、艦船17隻で連合艦隊をつくった。本格的に下関を攻撃しようということである。

いざ四カ国艦隊が襲来するという段階になって、藩の上層部は前言を翻《ひるがえ》し、伊藤と井上に英仏蘭米と外交交渉をせよと命じてきた。

井上は、激怒し
「今となってはもう遅い、今はあなた方の望み通り、防長二州を焦土に化すときだ」

と言って、外交交渉を断ったという。

伊藤が、その井上をなんとか説得し、二人は外交交渉に赴くことになった。

「四カ国戦争」が始まる

しかし、今度は、イギリス側が交渉に応じなかった。

「すでに約束の時間は過ぎた」

ということである。

そして四カ国艦隊は下関に赴き、長州藩の砲台を徹底的に攻撃した。

このときの攻撃は、艦砲射撃だけにとどまらず、2600名の陸兵による上陸作戦も決行された。2600名の内訳は、イギリス軍、海兵、軽歩兵1200人、陸戦隊800人、フランス軍、海兵、水兵、陸戦隊合わせて350人、オランダ軍200人、アメリカ軍、海兵隊50人である。

2600名という人数は、日本の一港に過ぎない下関に上陸するには、大軍だといえる。しかも、この2600名というのは、圧倒的に優勢な西洋式の銃器を備えているのである。

迎え撃った長州藩側は、120門の旧式大砲と奇兵隊など2000人足らずの兵士だった。

もちろん武器に勝る四カ国軍は優勢に戦闘をすすめた。

長州藩の大砲は、射程の短い青銅砲や木製の「大砲もどき」しかなかった。兵士も、旧式の銃しか持っておらず、弓矢を使っているものも多かった。

それでも長州藩は健闘し、四カ国軍にもかなりの被害を出させている。

この戦争で長州側は戦死者18名、負傷者29名をだした。

しかし四カ国側も戦死者12名、負傷者50名を出しているのだ。死傷者の総数は、四カ国側の方が大きいのである。

四カ国軍の上陸部隊は、長州藩の砲台や砦を占拠したが、破壊し終わるとすぐに艦船に退去している。

「長居すると危険だ」

と判断したようである。

高杉晋作と共に「講和交渉」に赴く

長州藩はそれなりに健闘したが、やはり軍事力の差は歴然なので、すぐに講和に動いた。

高杉晋作を長州藩の交渉の代表とし、伊藤博文、井上馨らを通訳とした交渉団を4カ国艦隊に派遣したのだ。高杉は暴れ馬のような人物であり、たびたび問題を起こし、長州藩としてはもてあまし気味だった。

しかし、こういう外交交渉には、圧倒的な気概を持つ高杉はうってつけだった。そのため問題を起こして蟄居中だった高杉は、藩に呼び戻されたのである。

このとき伊藤は、イギリス人通訳のアーネスト・サトウと素早く懇意になり、交渉を有利にすすめた。

前述したように伊藤はわずか半年の留学期間ながら、英語でのある程度の意思疎通はできるようになっていた。また彼は、元来の社交性があり、外国人ともすぐに仲良くなれたのである。

四カ国側は、高杉に対して次の5つの要求を出してきた。

・下関での砲撃はやめること
・外国船に必要なもの（食料、燃料など）は、販売すること
・嵐などの非常時には入港を認めること
・下関で新たな砲台は築かない（修理もしない）こと

・3百万ドルの賠償金を払うこと

この要求を見たとき、「アヘン戦争」などで要求されてきたものよりは、かなり緩いものだということがいえる。

イギリスと清が戦ったアヘン戦争では、イギリスは香港の割譲と、5港の開港を要求しているのである。それに比べれば「嵐などのときには入港を認めよ」という要求は、相当にやさしいものである。

それは「長州側が完膚なきまでに叩かれたわけではない」「四カ国側も被害が大きかった」ということが大きく影響しているといえるだろう。

またこの交渉で、高杉は賠償金の支払いは拒絶している。

高杉はこのとき、

「外国船への打ち払いは、朝廷が幕府に命令したことで、長州藩はそれに従ったまでである。賠償金は幕府に求めよ」

「あくまで賠償金を要求するならば、むしろ戦うことを望む」

とまで言っている。(『防長回天史』末松謙澄/柏書房)

四カ国艦隊側としても、再度戦闘することは大変なので、この賠償金は幕府に求めることにしたのである。

またこのとき、四カ国側は長州領の彦島の租借を要求したという話もある。

清がアヘン戦争で負けて、香港島を租借させられたのとまったく同じパターンである。このときも高杉晋作が頑として受け入れなかったので、租借されるのを免れたという。もし租借を許していれば、彦島は第二の香港になっていた可能性がある。

この彦島の租借の話は、講和に同席した伊藤博文の伝記『伊藤博文伝』などごく一部の資料にしか見られないので、史実としては疑問を投げかける向きもある。

しかし、フランス軍鑑「セミラミス号」搭乗の士官アルフレッド・ルサンの手記に、「賠償金の担保として、彦島や町の高台を占有しておくという話もあった」と述べられている（『英米仏蘭連合艦隊・幕末海戦記』アルフレッド・ルサン、安藤徳器・大井征訳／平凡社）。

当時の欧米列強のやり方から見れば、彦島租借の話は十分にあり得る話だといえる。

高杉晋作がこのように頑強に四カ国側の申し入れをはねのけたのは、大きな理由がある。高杉は、以前に清（中国）に渡り、清国人が欧米列強の侵攻に苦しんでいる様子をつぶさに見ているのだ。
文久2（1862）年、高杉晋作は幕府が派遣した千歳丸に同乗し、上海に渡った。高杉はそのときのことを『遊清五録』という文章に残している。

支那人（中国人のこと）はことごとく外国人の便益となれり。イギリス、フランスの人、街市を歩行すれば、支那人みな傍らに避けて道を譲る。実に上海の地は支那に属すといえども、英仏の属地というもまた可なり。

つまり高杉は、支那の人々が、英仏人の便利使いにされ、道を歩くときでさえ譲っている、と記しているのだ。上海は清の土地のはずだが、もはや英仏の土地とさえいえるのではないか――、と。
このときの経験が、高杉に「絶対に領土を削らせるわけにはいかない」という意識を持たせたのである。

長州藩の転落

英仏蘭米の四カ国艦隊との戦争は、これでどうにかして収めることができた。

しかし、長州藩には、すぐに次の危機が迫っていた。

幕府が「長州藩を征伐する」と言い出したのだ。

当時の長州藩の状況について、少し整理しておきたい。

前述したように、日本中で尊王攘夷運動が巻き起こっていたとき、それをリードしていたのは長州藩だった。

文久3（1863）年の前半まで、長州藩が、公家を使って勅令（天皇の命令）を濫発し、政治の主導権を握りかけていた。長州藩は、弁説鋭い論客と多額の政治資金を使って、公卿を抱きこみ朝廷を牛耳《ぎゅうじ》りつつあったのだ。

それに対して、薩摩藩をはじめとする諸藩が反発した。

当初は、薩摩藩は長州藩と並んで、尊王攘夷の急先鋒であり、朝廷を取り込もうとしている側だった。しかし、長州藩があまりに朝廷内での勢力を増すに及んで、猜疑心、嫉妬心を持つようになったのだ。

そして、尊王攘夷運動というのは、幕府にとっては面白いものではない。幕府に対して「政権を朝廷に返還しろ」というようなものだからだ。

長州藩に猜疑心を抱く薩摩藩と、そもそも尊王攘夷運動に反感を持っていた幕府が手を組み、長州藩を追い落とそうということになったのだ。

文久3（1863）年8月には、幕府、薩摩と会津が中心になって、朝廷等に工作し、長州藩は京都から追い出された。

「長州藩は偽の勅令を濫発し、国政を混乱させている」

として、京都の守護職を解かれたのだ。

長州藩が長州系の公家七人とともに引き払う、いわゆる「七卿落ち」といわれる政変である。

長州藩は、この事態からの巻き返しを図るために、翌、元治元（1864）年、兵を京都に乱入させる「禁門の変」を起こす。が、兵力にまさる幕府、薩摩などの連合軍に惨敗し、以降、長州藩は完全に京都から追い出される。

そして、この「禁門の変」により、朝廷に弓を引いたということで、長州藩は朝敵とされたのである。

これにより長州藩は幕府から討伐令が出されたのだ。

この討伐令が出されたのが、四カ国艦隊の襲撃とほぼ同時期のことなのである。

そのため長州藩は、四カ国艦隊との戦いをどうにかおさめたと思った途端、今度は、幕府の征伐令に対応しなくてはならなくなったのだ。

当時の長州藩に、幕府に歯向かうような余力は残っておらず、藩論としては「幕府への恭順」に傾いていった。

幕府は、薩摩藩などを動員し長州征伐の号令をかけたが、長州藩は、尊王攘夷派だった家老三人を切腹させるなどして恭順の意を表した。

そのために、ギリギリの段階で戦争までには至らなかった。

「奇兵隊」と「力士隊」

この長州征伐のため長州藩内の尊王攘夷派が一掃され、藩の実権は守旧派が握った。

これまで長州藩は、高杉晋作や木戸孝允らの活動によって、日本の尊王攘夷運動をリードしてきた。が、その流れが止まることになったのだ。

イギリスから帰ったばかりの伊藤博文、井上馨は、「攘夷」は不可能だと悟っていた。

しかし江戸時代の「幕藩体制」は改革し天皇を中心とした強力な統一国家をつくらなければならないと考えていた。つまり「攘夷」主義ではないが、「尊王」主義ではあったのだ。

だから、長州藩が守旧派に握られたことについては、非常に歯がゆい思いをしていたのである。

しかし、この直後、高杉晋作が手持ちの兵わずか80人を率いて挙兵した。

高杉晋作は、守旧派が長州藩の実権を握ることに我慢ができず、クーデターを起こしたのである。

この挙兵は、非常に無謀なものだった。

すでに長州藩全体が守旧派に傾いており、高杉らの動きに同調する者は少なかった。高杉晋作は身分を問わない新しい軍隊である「奇兵隊」を創設していたが、その奇兵隊の連中さえ、高杉の挙兵を危ぶんでいた。だから奇兵隊の隊員の多くは様子見をして動かなかったのだ。当時、奇兵隊の総督をしていた山縣有朋も、当初は様子見をしていたのである。

そんな中、伊藤博文だけは違った。

当時、伊藤は、奇兵隊を模してつくられた「力士隊」という20人ばかりの小隊を率いていた。この力士隊を連れて高杉の挙兵に参加したのである。

この挙兵に参加しても勝てる見込みは少なかった。そして、負ければ普通に考えて処刑は免れない。運が良くても逃亡生活は余儀なくされるだろう。つまりは、命を捨てに行くようなものだった。

が、伊藤としては、高杉に命を預けるつもりだったのだろう。

この辺の思い切りが、伊藤博文の持ち味でもあり、彼が出世した最大の要因でもあると思われる。

高杉軍は、わずかな軍勢でありながら、長州藩の軍艦を奇襲して奪取するなどの奇策を打ち、ゲリラ戦により藩の中枢部を翻弄した。この高杉の緒戦の成功を見て、山県有朋らの奇兵隊が続々と高杉軍に合流しはじめた。

鎮圧に乗り出した藩の正規軍は戦意がなく、高杉軍に連戦連敗し、ついに藩主によって講和が行われた。

高杉軍の事実上のクーデター成功であり、高杉、伊藤らが長州藩の実権を握ることになったのだ。

武器調達のため長崎に派遣される

が、長州藩の苦難はさらに続く。

今度は、長州藩のクーデターに気づいた幕府が、再度、長州征伐を行うことを決定したのだ。

いわゆる「第二次長州征伐」である。

前述したように、第一次長州征伐では、長州藩が恭順の意を表したため、ギリギリのところで戦争は回避された。

しかし、この第二次長州征伐では、幕府側は強く開戦の意思を示した。ここで長州藩をしっかり叩いておき、倒幕運動を抑え込もうとしたのである。

四カ国戦争が終わったばかりの長州藩は、兵装備が大きなダメージを受けていた。すぐに対幕府戦争の準備をしなくてはならなかったが、長州藩の軍備はなかなか進まなかった。

四カ国戦争で藩の海軍はほぼ壊滅状態となっていた上、当時、幕府は長州藩の対外貿易を禁止していたのだ。

日本と貿易をしていた西洋諸国も、フランス公使ロッシュの発議で、「長州藩との密貿易を禁止する」という覚書を交わしていた。

当時フランスは、幕府と関係を密にしていたので、西国雄藩が力をつけるのを嫌っていた。そこで、日本政府の意を重んじるという建前で、罪人である長州藩への武器輸出を禁止させたのだ。これには、西国雄藩と関係を強めようとしていたイギリスを牽制するという面もあった。

そのため長州藩は、武器の調達に苦労していた。

長州藩は、長崎に役人を派遣し武器を買おうとするが、諸外国の武器商人たちは長州藩に武器を売ろうとはせず、なかなかうまくいかない。

そんなとき木戸孝允が、非常に有益な情報をキャッチする。

当時、木戸孝允は、長州藩の事実上の首相格だった。

高杉晋作の挙兵成功により、長州藩の実権はクーデター側が握ったのだが、高杉は政治の中枢には座らず、代わりに木戸孝允を座らせたのである。

坂本龍馬

そして木戸は、土佐の浪人、坂本龍馬が長崎で「亀山社中」という貿易商社のようなものをつくっており、そこに頼めば長州藩が外国から武器を買えるかもしれない、という情報をつかんだ。

坂本龍馬というのは、言わずと知れた幕末維新史の英雄である。

土佐藩を脱藩し、幕臣の勝海舟の海軍塾で航海術を学んだのち、長崎で「亀山社中」をつくっていた。この亀山社中は、後に「海援隊」と改称することになる。

木戸孝允は、坂本龍馬とは旧知の仲である。

木戸孝允から長州藩の窮状を聞いた龍馬は、「亀山社中ならば武器の購入ができる」と持ち掛けてきたのだ。

木戸は龍馬の提案に乗った。

そして伊藤博文と井上馨に、武器買い付けのために長崎出張を命じたのだ。

長崎では、外国の商人とも交渉しなければならないので、多少とも英語が話せる伊藤と井上が選ばれたのだろう。

亀山社中は、イギリスの武器商人グラバーと話をつけ、ただちに武器の買い付けを行う。それまで長州藩は、なかなか外国から武器を売ってもらえなかったのに、嘘のように簡単に武器が手に入った。

亀山社中に依頼してからは、たった数週間で、当時の日本では最新鋭となる銃7300挺（ゲーベル銃3000挺、ミニエー銃4300挺）を入手できた。またユニオン号という軍艦も、亀山社中の斡旋で購入している。

亀山社中の取引は、巧妙だった。

亀山社中は、薩摩藩の了解を取って、薩摩藩の名義で武器を買うことにしていた。そうして亀山社中が買った武器を、長州に流したのである。つまり、薩摩と長州の間に、亀山社中が入ることで、長州藩が外国から武器を買うことを可能にしたのだ。

グラバー商会としては、長州との密貿易禁止の取り決めを犯すことなく、安心して亀山社中に武器を売ることができたわけである。

薩摩藩は、ついこの前まで幕府と組んで長州藩を追い落とした側だった。

しかし、薩摩藩としても、「幕藩体制を壊して新しい日本をつくらなければならない」という意識は持っていた。そのため、長州藩との関係を修繕させる方法を探っていたのである。

そして、この取引が薩摩藩と長州藩のこじれた関係を修復させ、薩長盟約につながるのだ。

「海援隊」との深い関係

この武器購入の際にも、伊藤博文は持ち前の愛されキャラを生かし、土佐藩や亀山社中の面々との信頼関係を築いた。

伊藤博文と海援隊（亀山社中）の関係というと、これまであまり顧《かえり》みられることはなかった。しかし、両者は実は深い関係があるのだ。

両者はこの時期（慶応元年～2年）に親密になっており、後年それが大きな花を開くことになるのだ。

伊藤博文は、明治になってから大きな仕事をいくつもやり遂げるのだが、その中には旧海援隊（亀山社中）や、土佐系の者たちとの連携で行ったものも多々ある。明治維新直後、伊藤は、「廃藩置県」「四民平等」などの大改革を矢継ぎ早に新政府に建策するが、その助けになったのが旧海援隊系、土佐系の連中だったのである。

特に、旧海援隊の陸奥宗光《むつむねみつ》は、第二次伊藤博文内閣のときには外務大臣となり、明治政府の懸案だった不平等条約の改正に成功している。それも、このときの長崎での出会いが大きくモノをいっているのだ。

陸奥宗光は、亀山社中では坂本龍馬の秘書的（もしくは代理人）な仕事をしていた。

当時、坂本龍馬は、薩長盟約などのためにあちこちを奔走しており、本拠地である長崎にいることはあまりなかった。その間、亀山社中の商事に関する業務を、陸奥宗光などが行っていたのだ。

陸奥宗光は、天保15（１８４４）年、紀州藩の要人伊達《だて》宗広《むねひろ》の次男として生まれている。陸奥宗光が10歳のときに、父・宗広が政争に敗れ失脚し、蟄居させられる。また、３００石の知行も取り上げられ、城下から追い出されるという憂き目に合う。陸奥宗光は15歳で単身江戸に向かい、苦学した末に、坂本龍馬と出会い、神戸海軍塾の頃から行動を共にする。そして龍馬にその才を買われ、亀山社中の外交、商事の責任者に抜擢されるのだ。

亀山社中の面々は、伊藤と井上をグラバーに紹介したり、一緒に長崎の遊郭に上ったりしていたようである。

青春時代のよき友同士が、壮年になって大きな仕事をやり遂げた、というわけである。

長州藩が幕府軍を返り討ち

慶応２（１８６６）年、ついに幕府が大軍を率いて、長州に攻め入ってきた。前述の「第二次長州征伐」である。

この第二次長州征伐が始まったとき、伊藤博文は諸隊の一つだった「南園隊」に参加していた。「諸隊」というのは、奇兵隊を模してつくられた幾つかの隊を総称したものである。武士階級ではなく、農民や町民のあらゆる階層から集められ、近代兵器を持たされた「新軍」だった。

井上馨が諸隊の参謀をしており、また南園隊には、伊藤の父、十蔵も参加していたので、伊藤としては井上と父を助けるというつもりだった。

伊藤は、前述したように高杉クーデター成功の立役者でもあったのだが、いざ長州藩が藩として幕府と戦争するという段になると、長州藩の正規軍の中には、伊藤の居場所はなかったようだ。伊藤は「足軽、伊藤十蔵の息子」という立場でしかなかったのだ。

そのため、井上と父にくっついて諸隊に従軍するというような、中途半端な形での参加となっていたようだ。

しかし藩からすぐに呼び出しがかかった。

藩の海軍の質と量が、幕府軍に比べて非常に劣っていたので、伊藤に長崎で新たに艦船の購入にあたらせようとしたのだ。

長崎では、薩摩藩の商務を担当していた五代才助《ごだいさいすけ》などに依頼し、グラバー商会から蒸気船を2隻購入する契約を結んだ。

が、伊藤が下関に戻ったところ、グラバーから連絡があり、「先に契約した船は、幕府が強制的に買い取ってしまった」ということだった。伊藤は別の船を買うためにまた長崎に舞い戻ったが、グラバーは、「今、長崎には売るべき船はなく、上海にしかない」ということだった。

伊藤は、急遽、上海に赴き、ようやく蒸気船2隻を購入することができた。この二隻は、「第二丙寅丸」「満珠丸」と名付けられた。

陸奥宗光

第二次長州征伐は、長州藩の圧勝に終わった。兵数や海軍力では幕府側が圧倒的に勝っていたが、長州藩は少数ながら最新の武器を入手し、士気も旺盛だった。幕府軍には士気がなく、全戦線において消極的だった。

第二次長州征伐は、長州藩を取り囲む四つのルート（四境《しきょう》）で行われた。

四境とは、小倉口（関門海峡）、安芸《あき》口（広島方面）、石州《せきしゅう》口（津和野方面）、大島口（瀬戸内海方面）である。

長州藩は、いずれの方面でも幕府軍の侵入を許さず、小倉口方面などでは逆に幕府側に攻め込んだ。関門海峡を渡って九州に上陸し、小倉城下を占領し、小倉藩との講和で企救《きく》郡（今の北九州市一帯）は長州藩の預かりとなったのである。

この第二次長州征伐では戦意を失った幕府が朝廷に働きかけ、将軍家茂《いえもち》の死去を理由に停戦の勅令を出させた。

幕府の敗北は明白であり、幕府の威厳は地に落ちた。

この後、倒幕運動はさらに加速し、「大政奉還」「明治維新」につながっていくのだ。

第二章

「封建制度」をぶっ壊せ！

「新政権の樹立」を諸外国に認めさせる

第二次長州征伐が終わると、日本中に幕末維新の大混乱が訪れる。

薩摩藩と長州藩を中心に倒幕運動が繰り広げられ、その流れを止められないと見た幕府は政権を朝廷に奉還した。しかし、幕府が領地（いわゆる「天領」の800万石）の返還を拒否したことからついに朝廷から「徳川家討伐」の令がくだり、全国の諸藩が、官軍側、旧幕府側に分かれての戦争が始まった。

この維新の動乱期、伊藤博文は、藩から情報収集のために京都や兵庫に派遣されることが多かった。

伊藤は藩士としての身分は低かったため、長州藩の軍には適当な居場所はなかったのである。だから、「鳥羽伏見の戦い」「戊辰戦争」には従軍していない。

ただ伊藤は、薩摩、土佐など各藩に知人が多く、外国人にも知り合いが多かったので、情報探索としてうってつけだった。そのため藩は、この時期、伊藤に主に情報探索を指示している。というより、半ば伊藤がすすんで、そういう仕事を行っていたと思われる。

図3　伊藤博文関連年表Ⅲ

慶応3（1867）年10月	大政奉還。幕府が政権を朝廷に返上する。
12月	王政復古の大号令。
慶応4年・明治元（1868）年1月	鳥羽伏見の戦い 伊藤博文、新政府の外国事務御用掛を命じられる。
5月	伊藤博文、兵庫県知事を命じられる。

慶応4（1868）年1月11日のことである。

その日は、神戸開港の記念式典のために、各国の公使が神戸港に来ており、外国船も多数入港し、水兵たちも上陸していた。

そこに官軍として兵庫の制圧を目指していた備前藩の兵数百がたまたま通りかかった。その隊列をフランスの水兵2人が横切ろうとしたため、備前藩側が槍で制止させた。このときフランス人水兵は負傷したため、ピストルで発砲。備前藩側も鉄砲で応戦し、銃撃戦となった。

そして備前藩は、近くにいた各国の公使たちにも威嚇《いかく》射撃のようなことを行った。

これが大きな外交問題となる。

伊藤は、たまたまその翌日に神戸に上陸した。

伊藤博文の談話によると、当時の神戸は騒然としており、諸外国が居留地住民の安全確保のために兵を上陸させており、神戸全体が半ば外国に占領されたような状態だったという。

備前藩の事件の概要を聞いた伊藤は、急いで旧知のイギリス公使のパークスのところに行って談判をした。

パークスは、備前藩の行為を条約違反であるとしてなじった上で
「日本では幕府が倒れて新政府ができたというが、新政府の代表者は諸外国に対して、まったくその通知をしていないではないか」

と詰問した。

伊藤は、「数日待ってくれ」と言い残し、ただちに大阪に向かった。

当時は、戊辰戦争の真っ最中であり、新政府の首脳は戦争指導でてんやわんやになっており、そこまで手が回っていなかったのだ。

大阪には、外国事務総督となる公卿の東久世通禧《ひがしくぜみちとみ》や、薩摩藩の五代才助、土佐藩の後藤象次郎《ごとうしょうじろう》などがいた。伊藤は彼らに対し、「諸外国に対し、早く新政府成立の宣言書を発表しなければならない」と述べた。

彼らも事の重大さに気づき、東久世通禧を代表として、神戸に在留していたイギリス、フランス、イタリア、アメリカ、スペイン、オランダの公使と会見を行い「新政府の樹立」を宣言した。そして備前藩の不手際を詫び、今後は新政府が事件の解決に

取り組むという約束をした。

この備前藩の発砲事件は、発砲を指揮していた備前藩士の滝正信《たきまさのぶ》が切腹することで決着した。


この会見の直後、イギリス政府は駐日公使へのビクトリア女王の信任状を、幕府ではなく新政府に提出している。これはイギリスが事実上、明治新政府を〝日本を代表する政権〟として認めたということである。

また明治新政府は、諸外国の条約書をその年の6月には引き継ぐことになった。

つまり、大日本帝国は建国してわずか半年で、国際的に独立国家として認められたということである。

通常、一国の政権が代わった場合、国際的に認められるまで時間がかかるものである。特にクーデターなどで新政権が樹立した場合、新政権はなかなか国際的に認められないことが多い。

中国などがいい例である。

中国では「辛亥革命」で中華民国がつくられたが、中華民国はなかなか国際的な独立国家としては認められなかった。

しかし、明治新政府の場合は、すぐに国際的に新政権として認められている。この日本のスムーズな独立というのは、近代アジア史から見ても異質なものだといえる。それは、政権樹立時のこの素早い外交手続きが大きく影響していると思われる。

この事件処理がきっかけで、伊藤博文は、慶応4(1868)年正月、外国事務御用掛を命じられた。

そして、その半年後には、兵庫県の知事に任命される。

兵庫県は、もともとは天領(幕府領)だったところだが、維新後に朝廷に取り上げられ、「県」という行政単位が使われるようになったのだ。そのため「廃藩置県」が行われる前に、兵庫はすでに「県」になっていたのだ。

兵庫県には「神戸」という国際港湾都市があり、外国との諸問題にあたるには伊藤がうってつけということだったのだろう。

これが伊藤博文26歳のときのことである。

「版籍奉還」「廃藩置県」――2つの大改革

その後、伊藤博文は、明治新政府の中枢で数々の大改革を行っていくことになる。明治維新では数々の大改革が行われたが、その最大のものは「版籍奉還」「廃藩置県」だといえる。

この「版籍奉還」「廃藩置県」を早くから提言し、成功に導いたのは、伊藤博文だったのだ。

「版籍奉還」「廃藩置県」により、日本の土地と領民は藩のものから、国家（天皇）のものということになった。

そして領民は、様々な規制から解放され、社会的、経済的な自由を獲得した。

「版籍奉還」「廃藩置県」というと、「藩が廃止された代わりに県が置かれただけ」と思っている方も多いようだが、そんな簡単なことではない。

「版籍奉還」「廃藩置県」は、当時の世の中をひっくり返すほどの大きな社会変革だった。また何より、経済面において巨大な改革となった。

江戸時代までの日本は、全国が約３００個に区分けされ、それを各藩それぞれが統治していた。

いわゆる「封建制度」である。

幕府というのは、そのなかの長に過ぎなかった。幕府は、日本全体の行政に対して大まかな指針を示すようなこともあったが、原則として、各藩の行政権は各藩それぞれが持っており、幕府が口を出すことはなかった。

そして幕府が大政奉還をし維新の世になっても、相変わらず日本各地は細切れに分断され、各領地を藩主が治めていたのである。

日本の領地のほとんどは、幕府や諸藩が持ち続けており、朝廷の財政基盤は、3万石程度しかなかった。これでは、政治を動かすどころか、天皇や公家の生活費だけで精一杯だった。

そのため明治新政府は、徳川家の領地を没収し、その年貢収入を財源にあてることになった。これにより明治新政府は約860万石の直轄領を持った。

しかし、それだけでは近代国家をつくる財源はまったく足りないし、何よりも「統一国家」ではない。

明治維新というのは、欧米列強に対抗するための強力な国家をつくるためのものである。それには、莫大なお金が必要である。

それには、幕府の旧領だけではとても足りない。

幕府から取り上げた領地は、朝廷の直轄として、8府、21県という行政単位が置かれていた。しかし、それ以外の２７３の諸藩はまだそのまま「藩」として継続していたのだ。

そもそも幕府というのは、それほど経済的に強大な力を持っていたわけではなかった。徳川家は政権を担ってはいたが、領地としてはたかだか日本の25％程度に過ぎなかった。徳川家の年貢収入だけで、近代国家を建設するのは、到底不可能だった。

この状態に対し、伊藤博文が提示した解決策こそが、「版籍奉還」「廃藩置県」だったのである。

日本を変えた「兵庫論」とは？

「版籍奉還」を最初に言い出したのは、伊藤博文ではない。

意外なことに、「版籍奉還」を最初に言い出したのは、「賊軍」とされている藩主だった。

明治元（１８６８）年11月、姫路藩主酒井《さかい》忠邦《ただくに》が、政府に「版籍奉還」を願い出たのだ。

姫路藩は、戊辰戦争では幕府軍についた「朝敵藩」とされていた。朝敵藩には、新政府から軍資金の献納などが命じられ、藩財政は行き詰っていた。また「朝敵」という汚名もそそぎたい。

そこで、

「いっそのこと藩を朝廷に返してしまおう」

ということになったのだ。

これを知った伊藤博文は、財政に行き詰った賊軍の藩だけじゃなく、日本全国の藩が「版籍奉還」をするべきじゃないか、と考えたのだ。

そして明治2年の正月、兵庫県の知事だった伊藤博文は、土佐系の陸奥宗光、中島信行《なかじまのぶゆき》、田中光顕《たなかみつあき》らと連名で「国是綱目《こくぜこうもく》」という建白書を提出した。

この建白書の主な内容は次の通りである。

・天皇と臣民による国家をつくる
・外国の文明を採り入れる
・全国の軍事権、統治権を朝廷に返還させ、朝廷による中央集権政治を行う
・外国とは、信義をもって広く交際し外国人への危害などはしない(外国排撃の禁止)
・国民に対して自在自由の権を与え、身分制度もなくす。国民に職業の自由と、居

住の自由を与える

・教育制度を整え、身分を問わず教育を受けさせる

以前から伊藤は、これと同様の建白書をすでに新政府に提出していたが、なかなか相手にしてもらえなかった。

そのため、兵庫の近くで新政府の官職に就いていた土佐系の連中も巻き込んで、連名での提出ということにしたのだろう。

陸奥宗光は坂本龍馬の海援隊において副官的な立場にいた人物であり、当時は会計官権判事として大阪出張所にいた。中島信行も元海援隊士で兵庫県判事をしていた。田中光顕は土佐藩士ながら早くから討幕活動に従事し、薩長の間でもその名が知れた存在だった。当時は、兵庫県判事として兵庫にいた。

前述したように伊藤博文は、海援隊の連中などとも親交があったので、当時は近くにいた彼らと頻繁に会合し、新しい日本をつくるための方針を議論していたのだ。

その議論の中で、明日の日本をつくるにはどうすればいいか、ということの建白書が生まれたのである。海援隊の連中も、坂本龍馬の影響で開明的な思想を持っていたので、伊藤の改革案には賛同できたのだ。

そして、彼らを巻き込んで、連名という形で新政府に建白したのである。長州藩の伊藤だけではなく、土佐系、海援隊系の者たちまでが連名で建白をしてきたので、新政府としても、これは黙殺できなかった。

この建白書は「兵庫論」と呼ばれ、政府内や世間に衝撃を与えた。

伊藤の話によると、当初この建白書は、三条実美《さんじょうさねとみ》、岩倉具視《いわくらともみ》、大久保利通《おおくぼとしみち》、西郷隆盛、長州藩の広沢真臣《ひろさわさねおみ》、土佐藩の後藤象次郎など、維新のそうそうたる元勲たちの前で読み上げられたが、その場で賛否を表明するものは一人もいなかったという。

みな、考え込まざるを得なかったのである。

それほど衝撃的なものだったのだ。

この兵庫論は、その後の日本の国家デザインを描いたものだともいえる。明治日本は、この兵庫論に述べてある通りの改革を進めていくことになるのだ。

今となっては、この兵庫論の内容は「近代国家として普通の基本方針」のように思える。

しかし、当時の日本に与えたインパクトは強烈なものがあった。

当時の人々にとって、

「藩が所有していた軍事権、統治権を朝廷に返還する」

「人々を自由自在にする」

「身分制度を廃止する」

などということは、驚天動地のことだった。

長州藩の木戸孝允や薩摩藩の大久保利通は、この兵庫論に賛成の意を表した。というより、彼らも伊藤と似たような考えを持っていたのだが、世間の反発が予想されたために、これまで表明できなかったのである。

実際、この建白書に反対する人も数多くいた。

長州藩の中でさえ、伊藤のことを「国賊」呼ばわりする者が多数いたのだ。

この直後、伊藤博文は、旧守派の一部につけ狙われるようになり、岩倉具視から隠忍するように忠告されている。岩倉もかつては、狂信的な攘夷主義者などから付け狙われ、屋敷に切断された人の腕を投げ込まれたりしたこともあったのだ。

そのため伊藤博文は、世間を刺激しないよう、明治2（1869）年4月には、判事（副知事クラス）に降格させられている。また伊藤自身もしばらくは大々的な言論を自粛していたほどなのである。

「版籍奉還」は改革のファーストステップ

「兵庫論」が出されてから半年後の明治2(1869)年7月、「版籍奉還」が実行に移された。

これは薩摩藩の大久保利通や長州藩の木戸孝允らが中心になってすすめた。大久保利通、木戸孝允が、伊藤博文らの案を受け入れたという事だ。

大久保、木戸というのは維新の元勲であり、彼らが主導して行ったことで、版籍奉還はスムーズに進んだのである。

彼らは、戊辰戦争を共に戦った土佐藩や肥前藩にも働きかけ、薩長土肥の4藩主連名で、「版籍奉還」の上表を朝廷に提出させた。

まずは、この4藩が率先して領地を返還したのである。

そして諸藩にも版籍奉還することを勧告した。

官軍の中心であった4藩が版籍奉還をしたのだから、他の藩が反発するのは難しい。薩長土肥の4藩は、旧来の封建制度の価値観でいえば、戊辰戦争の報償として新たな領地を獲得してもおかしくなかった。

徳川家や旧幕府側についた藩を取り潰し、自藩の領地を大幅に拡大する、それは江戸時代までの価値観ならば当たり前のことだった。

しかし彼らはそれをせずに、逆に自らの領地を朝廷に差し出したのである。

「明治維新は薩長土肥前のために行ったのではない、日本のために行ったのだ」

ということを形として示したのである。

これには諸藩も逆らえず、追随するしかなかった。諸藩も、特に混乱もなく版籍奉還に応じたのである。

ただし、この版籍奉還は、伊藤博文にとっては不満の残るところだった。

伊藤は

「これまで持っていた藩の統治権、軍事権はすべて朝廷に返還させる」

「その代わり藩主たちには爵位を授け新しい〝日本の貴族〟をつくり、俸禄を与えることで生活と品位を保障する。そして上院議員として政治にも参加させる」

「政治の実務については、門閥を問わず有能な者を採用する」

と建白書で述べている。

しかし版籍奉還時は、この伊藤の案は「時期尚早」として、薩摩藩の大久保利通に採用されなかった。大名は、版籍（領地）は奉還するけれど、そのまま知藩事として藩の政治を行う事とし知藩事の職も世襲とされたのだ。

伊藤は「これでは何も変わらないではないか」と怒りをあらわにした。

大久保らとしても、明治維新の混乱がまだ収まっていないなかで、大きな改革をするにはリスクが大きすぎると判断したのだろう。

しかし、その後すぐに知藩事職の世襲が廃止された。

つまり、代々の藩主が領地を治めてきた「統治権」を、一代限りということにしたのである。

これまでの藩というのは、藩主が代々統治してきたからこそ成立していたものだった。それを一代限りで統治をやめるとなれば、事実上、藩の所有権を手放したということと同じである。

たとえて言えば、「会社の株を所有しているオーナー社長」から、「会社の株は持っておらずにただ会社から任命されただけの雇われ社長」になったようなものである。

そして新政府は、次の本格的な改革である「廃藩置県」に移ったのだ。

世界に類のない平和な「革命」

「版籍奉還」から2年後の明治4（1871）年7月、「廃藩置県」が行われた。

この半年前、薩長土3藩は、総勢約1万の兵を京都に送っていた。

この兵たちは薩長土の各藩から離脱し、天皇の親兵として東京に置かれることになっていた。薩摩から歩兵4大隊、砲兵4隊、長州から歩兵3大隊、土佐から歩兵2大隊、騎兵2小隊、砲兵2隊を政府に拠出させ親兵としたのである。

山縣有朋は、事前に薩摩藩の西郷隆盛に「この兵は藩兵ではなく親兵であり、薩摩出身者といえども、一朝事あるときは薩摩守に向かって弓をひく決心が必要です」ということを確認し、承諾されている。

廃藩置県の詔勅は、この兵力を背景にして発せられたのだ。

この瞬間に270年続いていた各藩による封建制度は、一挙に解消され、明治新政府による中央集権国家が誕生したのである。

もちろん、薩摩藩や長州藩も消滅した。

この廃藩置県によって、旧来の藩が持っていた特権はほとんどはく奪され、日本の封建時代が終幕したのである。

廃藩置県の何が改革だったのかというと、次の2点である。

・行政権を藩から国に移した
・徴税権を藩から国に移した

つまり、それまで藩が持っていた領地内の「行政権」「徴税権」を取り上げたということである。

江戸時代の「藩」というのは、現在の県のような「単なる行政区分」というものではない。各藩は、経済的にも政治的にも独立しており、ほとんど「国」と同じ形態である。そして各藩の行政権と徴税権は藩主がもっていた。

幕府は、藩を指導したり、たまに藩から財を徴収したりすることはあったが、藩の運営そのものについては手出しできなかった。

その藩を全部なくしてしまう、というのだから、大変な改革だったのだ。「300に分かれていた国々を一挙に統一した」というようなものである。

大久保利通や西郷隆盛、木戸孝允らの偉大なところは、戊辰戦争に勝利して新政府をつくったにもかかわらず、薩摩藩や長州藩も、ほかの諸藩と同じように廃藩置県で消滅させてしまった点である。

もし、彼らが薩摩藩や長州藩だけを残せば、あれほどスムーズに廃藩置県は行われなかっただろう。

伊藤博文は、後年、廃藩置県のことを

「日本では一発の銃弾も使われずに、大きな革命を成し遂げた」

として誇らしげに語った。

確かに、日本は鎌倉時代から続いてきた「封建制度」を、廃藩置県により一瞬で消滅させたのである。その手際は見事というほかない。

インドの政治家、教育者であるK・M・パニッカルは、その著書『西洋の支配とアジア』の中で次のように述べている。

「日本に進出していた外国人たちは、当時日本国内に荒れ狂う内戦と、幕府の勢力が日に日に衰えて行くのを目にしながら、日本もアジア諸国の一般的なパターンに落ち込んで行くであろうことを期待していた」

「しかし、１８６８年から１８９３年にかけての25年間で、日本の指導者たちに追求された維新と政策は、日本に掛けられた鎖を完全に断ち切るという、予期しなかった結果を生み、ヨーロッパ世界から完全な独立を堅持する立場に日本を置いていた」

インドから見ても、日本が「アジア諸国の一定のパターン」に陥らなかったことが、不思議であり、羨望を持っていたものと思われる。

日本の強みはなんといっても、「国家としてのまとまりの良さ」だったのである。そして、そこには、伊藤博文をはじめ当時の指導者たちの賢明さがあったのだ。

「四民平等」のいきさつ

伊藤博文が次に手掛けた大改革は「四民平等」である。

明治新政府は、維新直後に「四民平等」「職業選択の自由」という政策を採った。

この「四民平等」「職業選択の自由」というのは、実はこれ以上ないというほどの大きな社会経済改革だといえる。

江戸時代の日本人というのは、身分が明確に区分けされ、職業も固定されていた。

原則として、誰もが生家の身分に置かれ、生家の職業に就かなければならなかった。

これは、非常に不自由な制度ではあったが、それなりに安定した社会ともなっていた。新規参入がないため、どこの業界でも競争があまり生じにくい、自分の与えられた仕事をまっとうしていれば、それなりに暮らしていけたのである。

その身分職業固定制度を破壊し、自由を与える。その代わりに競争の原理も働く。これ以上ない「規制緩和」だったといえるだろう。

明治以降、商工業が急速に発展したのも、この「四民平等」「職業選択の自由」の影響は非常に大きいといえる。

景気の悪い分野から景気のいい分野に、人員がシフトすることで、資本主義経済というのは発展していく。農業で余った人員、農業では食っていけなくなった人員が、商工業にシフトしてくることで、商工業の拡大が可能になったのである。

もし職業が固定されたままであれば、工業化を図ろうにも、人員の確保が難しいはずである。

それにしても、この「四民平等」「職業選択の自由」の政策というのは、誰が最初に打ち出したものだろうか。

江戸時代というのは、３００年近くも続いた社会であり、身分制度はそれ以上に長い歴史があるのだ。身分制度は、当時の日本社会の中では、ごく当然のこととして存在したものであり、身分制度を打ち崩すなどという発想はなかなか出てこないものと思われる。

「四民平等」「職業選択の自由」を最初に、正式に政府に提言したのは、伊藤博文ら「兵庫論」を建白した連中だとされている。

前述したように「兵庫論」では、「国民に自由自在の権利を与え身分制度もなくす」という条項があるが、これが「四民平等」「職業選択の自由」を政府に提言した最初のものなのである。

そして、伊藤自らがこれを実行に移した。

「明治政府はこれまでの身分制度を廃止し四民平等とした」

ということは、小学校の社会の教科書にも載っているものである。

が、実は明治新政府は、改まって「四民平等令」などを出したことはないのである。

なのに、なぜ「四民平等」となったのか。

そのカラクリはこうである。

明治2（1869）年に、政府の民部省は「戸籍法」の原案をつくっていた。

これは、明治4（1871）年に公布された戸籍法のたたき台となったものである。

この戸籍には、「華族」「士族」「平民」の三族の区分しか設定されていなかった。

つまり「農工商」をすべて「平民」として取り扱ったのだ。

そのため、事実上、「農工商は平等」ということになったのだ。

ただ農工商以外の「賤民」という身分制度については、まだ残されていた。しかし、戸籍法を検討する過程で「穢多非人等の称を廃して平民の籍に編入すべき」という方向が打ち出されたのである。

そのため明治４（１８７１）年８月に、「賤民廃止令」を出すことで廃止したのである。この賤民廃止令により、四民平等の思想が完結したといえる。

これまで、「農」「工」「商」「被差別民」として分けられていた身分制度を、農工商、被差別民の区分けを取っ払ってしまったのである。

当時、伊藤博文は、大蔵省と民部省を兼任した少輔（次官クラス）となっていた。

伊藤の指揮によって、戸籍法関係の検討も行われていた。つまり、伊藤は、四民平等に関しては、直接指揮をして遂行することができたのだ。

ちなみに、伊藤の部下として働いていた一人が、かの渋沢栄一《しぶさわえいいち》である。

なぜ「華族制度」をつくったのか

伊藤は、「四民平等」という大改革を遂行したが、その一方で、「華族制度」もつくった。

公卿や旧大名を「華族」という身分制度に置き、彼らには一定の秩禄《ちつろく》を与えたのである。

このことは、現代では批判的に扱われることが多い。

「四民平等と言っても、大名は華族として庶民とは別格とされたのだから、明治維新は本当の意味で国民を平等にしたわけではない」

というわけである。

なぜ、伊藤は「華族」をつくったのか――。

伊藤は前述したように、廃藩置県を行うときに、

「これまで持っていた藩の統治権、軍事権はすべて朝廷に返還させる代わりに、大名たちには爵位を授けて新しい〝日本の貴族〟をつくり、俸禄を与えることで生活と品位を保障する、そして上院議員として政治にも参加させる」

という考えを持っていた。

大名が、藩の統治権を手放すというのは、何百年も持っていた巨大な特権を失うという事でもあった。

普通は、特権階級というのは、頑強にその特権にしがみつくものである。本来は特権階級から特権をはく奪するのには、別の階級が武力等で無理やり行うしかないものである。世界史的に見ても、明治維新のように「特権階級がすんなりその特権を放棄する」という事例はほとんど見当たらない。

つまり、特権階級から急に巨大な特権を取り上げるときの「反動」を考えた場合、ある程度の「利権」は残しておいてやるべきという配慮が働いたのである。

逆に言えば、廃藩置県がまったく混乱せずに、一発の銃弾も使われずに成功したのは、この配慮があってこそかもしれない。

もし、何百年も藩を統治していた各大名家が「明日からは身分も財産もすべて取り上げられ、無一文で放り出される」となれば、やはり相当の抵抗があったことが予想されるからだ。

大隈重信との二人三脚

伊藤博文は、このころ、大隈重信《おおくましげのぶ》と出会っている。

そして、明治新政府が行った大改革の多くを、大隈と二人三脚で成し遂げているのだ。

大隈重信は、天保9（1838）年、佐賀藩の上級武士の家に生まれ、幼くして藩校の弘道館に入るなど秀才だったが、学生なのに藩校の改革運動を行うなど反骨感でもあった。蘭学を修め、幕末に佐賀藩英語教師として招かれたイギリス人グイド・フルベッキに、直接、英語などの教えを受けている。慶応3（1867）年に脱藩し、大政奉還運動に加わろうとしたが、藩に捕縛され謹慎させられているうちに明治維新が起きる。

その後、薩摩藩の小松帯刀《こまつたてわき》の推薦で、外国事務局判事を任命されている。

外国事務局判事は、決して政府の中枢といえる職ではなかったが、キリスト教の禁止問題など、当時、重大な国際問題となっていた事項を手際よく裁き、それが評価され、明治3（1870）年には参議（内閣の閣僚のようなもの）に取り立てられる。

伊藤博文、大隈重信というと、現代でこそ押しも押される「明治の元勲」というイメージがある。

しかし彼らは、明治初期には政権の中枢にいたわけではなかった。新進気鋭の若手官僚といった立場であり、西郷隆盛、大久保利通、木戸孝允よりは一段も二段も下の立場だったのだ。

明治維新の元勲と呼ばれる者たちにも、第一世代、第二世代というような、壁が存在した。

第一世代というのは、明治維新の時期に指導者的な立場にあり、討幕工作や戊辰戦争を主導的に指揮したものたちのことである。西郷隆盛、大久保利通、木戸孝允、大村益次郎などがこれにあたる。

大隈重信

彼らは明治新政府でも、当然、最高指導層に属することになった。

一方、第二世代というのは、討幕工作や戊辰戦争などでも重要な役割を担っていたが、指導者的な立場ではなく、補佐的な立場にあったものたちのことである。もしくは、それなりに指導的立場にあったが、薩長以外の出身だったために、第一世代に入れてもらえなかったものたちもこれに含まれるだろう。

大隈重信、伊藤博文、井上馨、松方正義《まつかたまさよし》、五代友厚、陸奥宗光らがこの世代にあたる。

第一世代が、欧米の知識があまりないのに対し、第二世代は欧米の知識が豊富で、実際に渡欧している者もいた。

第一世代のものたちは新政府の実権を握っているが、彼らは欧米の知識をあまり持たないために、どうやって「富国強兵」「殖産興業」を行えばいいのか、具体的なことがあまりわからない。

そして第一世代は藩とのしがらみもあり、あまり思い切った改革ができない。

第二世代の者たちは、それを歯がゆく思う者も少なくなかった。

特に伊藤博文、大隈重信らは、新政府の指導者たちよりもはるかに多くの欧米の知識を持っており、新政府の改革の遅れを苛立たしく感じていた。

彼らにとって、明治新政府の改革の歩みは、苛立たしいほど遅いものだった。明治中期以降は、日本の政治を牛耳ることになる伊藤と大隈だが、当時はまだ若造扱いであり、彼らの意見はなかなか通らなかった。

この二人は、明治初期には盟友ともいえる存在だった。後に大隈は立憲改進党を、伊籐は立憲政友会を率いて、帝国議会で火花を散らすことになる二人だが、当時はもっとも理解しあえる存在だった。欧米のことを非常によく知る二人は、掛け声ばかりで欧米のなんたるかを知らない参議たちに苛立ちを募らせていた。

伊藤博文が政府に建白した「兵庫論」は、まさにその苛立ちをぶつけたものでもあったのだ。

スーパー官僚・渋沢栄一

明治初期に、大蔵省と民部省には、両省をまたがる「民部省改正掛」という組織があった。この「民部省改正掛」こそは、明治初期の日本の大改革を進めたプロジェクトチームなのである。

そして、「民部省改正掛」の中心にいたのが、伊藤博文と大隈重信なのだ。

当時、二人は大蔵省と民部省の事務方の実質的なトップになっていた。そして、二人で協力して、「民部省改正掛」というプロジェクトチームを起ち上げたのだ。

「民部省改正掛」には、野に下る前の渋沢栄一や、後に「郵便の父」といわれた前島《まえじま》密《ひそか》など、薩長、幕臣にかかわらず当世一流の才能が集められた。

「民部省改正掛」は、実際の活動期間はわずか2年ちょっとだが、その短い間に目覚ましい働きをした。

「四民平等」「廃藩置県」「地租改正」「鉄道建設」「郵便制度」「会社の設立」など、明治の重要な改革を主導したのは、この〝民部省改正掛〟なのである。


伊藤や大隈の「民部省改正掛」のことを言及するためには、まず一人のスーパー官僚を紹介しなければならない。

そのスーパー官僚とは、渋沢栄一のことである。

渋沢栄一は、欧米に1年以上の遊学経験があるという当時としてはスーパーエリートだった。

明治2(1869)年、渋沢栄一は、大蔵省に招聘された。この大蔵省で、伊藤博文、大隈重信と出会い、その後、彼らは「民部省改正掛」というプロジェクトチームで、日本改革を推進することになる。

渋沢栄一というと、５００社に及ぶ企業の創設に関与し、「日本資本主義の父」とも呼ばれる、言わずと知れた実業界の重鎮である。

その実業家としてのイメージが強い渋沢だが、実は明治初期には、官僚として重要な役目を担っていた。

伊藤の業績にも、渋沢は深く関与しているので、少し詳しく渋沢の経歴を紹介しておきたい。

渋沢栄一は天保11（１８４０）年に、武蔵国（現埼玉県）の富農の家に生まれる。渋沢は、幼少期から学問が好きで、家業もよく手伝っていたという。

しかし、時は尊皇攘夷のころである。

渋沢栄一

血の気の多かった渋沢は、自らも尊皇攘夷の志士として、世の中に打って出たいという衝動にかられた。渋沢は、父を説得し遊学という名目で江戸に出ることを許された。渋沢は、「海保塾（海《かい》保《ほ》漁村《ぎょそん》の塾）」や、志士活動の巣窟のようになっていた剣術の千葉道場に通い、〃尊王の志士〃たちとの交流を深めた。

後年の渋沢からは想像もつかないことだが、同志数名とともに横浜の外国人商館の焼き討ち計画などを立てたりもしていた。

伊藤博文にも似たようなエピソードがあるので、この当時の若い志士たちは、みなそういう感じだったのだろう。欧米列強による不平等条約は日本中を激怒させており、当時の若者たちのほとんどは、「外国を打ち払うべし」という考えを持っていたのだ。

渋沢は、この〝志士活動〟の中で、平岡円四郎《ひらおかえんしろう》なる人物と知り合う。

平岡円四郎は幕臣だったが、天下に広く意見を求め志士たちとも交流があった。平岡円四郎は一橋家（徳川慶喜《とくがわよしのぶ》）の用人であり、慶喜が将軍になってからも片時も離れずに補佐していた。つまり渋沢は、幕府中枢の中の中枢にいた人物と、懇意だったのである。

当時の渋沢は何の肩書もないただの田舎の農家の青年である。その渋沢と政府の高官に、深い交流があったというのだから驚くばかりである。平岡の度量の広さもさることながら、渋沢に非常に光るものがあったのだろう。

この辺も、伊藤の出世パターンと非常によく似ている。両者とも、才がある上に「愛されキャラ」だったのだろう。

平岡は、渋沢を一橋家に仕官させた。こうして、幕臣としての渋沢栄一が誕生するのだ。

商才や事務処理能力に優れていた渋沢は、一橋家ですぐに重用されることになり、やがて藩主の徳川慶喜にもお目見えできるようになり、慶喜からも非常に信頼されるようになった。

そして、渋沢は慶応３（１８６７）年、フランスに行くことになった。

幕府は、パリで行われる万国博覧会に参加することになったのだが、その随行員に渋沢が選ばれたのだ。

渋沢は随行員として、１年以上に渡ってヨーロッパを見聞する。博覧会終了後は、一行はしばらく欧州に残り、語学研修と各所の見学を行うことになっていたのだ。

随行員のうち、実業（農業や商業）の経験があるものは、渋沢だけだった。渋沢のような実業に心得のあるものが、早くにヨーロッパの先進の産業、経済に触れ、しかも維新後の日本で指導的な立場に置かれたということは、明治日本にとって、またとない幸運だったといえるだろう。

しかし、渋沢たちは帰国する段階になって、とんでもない巨大なトラブルに見舞われる。滞欧中に幕府が瓦解してしまうのである。

ここで随行員たちは、思い切った決断をする。

「もう幕府は瓦解してしまったのだから、今、戻っても何が出来るというものではない。それよりも将来のためには留学を続けて何か一つでも会得して変えるべし」

という結論を出したのだ。ある程度のお金はあったので、それが尽きるまでは留学をそのまま続けることにしたのだ。

彼ら随行員にとって、幕府が瓦解したということは、身の危険さえ覚束ない状態なのである。その中で、こういう決断をするということは、肝の据わり具合は尋常ではないといえるだろう。

一行の渡欧経費は、幕府から月々5千ドルが送金されることになっていたが、この送金は慶応4（1868）年の4、5月頃まで続けられていた。しかも会計掛の渋沢の節約のおかげで、予備金が2万ドルあった。この金で、留学を続けようというわけである。ただ無駄な経費を使わないように、住居もホテル住まいをやめて、小さな家を借り、7人の随行員のうち3人を帰国させた。

一行には、新政府から帰国命令が出ていたが留学を続けた。資金を節約すれば、4～5年はもつはずだった。しかし、わざわざ水戸藩から迎えの者がパリにまで来たので、留学を切り上げざるを得なくなった。

一行は、その年の9月に、フランスを出立した。それでも幕府瓦解から半年以上もの間、留学を続けていたことになる。

一行が横浜に着いたのは11月だったが、彼らには維新の大混乱が待っていた。国の代表としてうやうやしく送り出された港で、罪人のように厳しい取り調べを受けた。当時はまだ函館で旧幕府軍が立て籠もっており、新政府の警戒も厳しいものがあったのだ。

しばらくすると、渋沢の元に、新政府からの招聘状《しょうへいじょう》が届く。

渋沢としても新政府からの要請には断りようがなく、新政府に出仕することになった。渋沢を推薦したのは当時、大蔵卿をしていた伊達宗城《だてむねなり》（旧伊予藩主）だったという。渋沢は、志士活動の中で、いろんな人と知り合い、いろんな人から評価されていたのだ。

大改革を主導した「民部省改正掛」

渋沢栄一は、明治2（1869）年11月に大蔵省租税正に任命された。

当時、大隈重信が会計官副知事をしており、事実上の大蔵省のトップとなっていた。その大隈の下に渋沢は入ってきたのだ。

しかし渋沢は、大蔵省に入るなり失望した。

日本は、大改革をしなければ、欧米諸国に到底追いつかないのに、大蔵省の官僚たちは日々の雑務に追われている。これでは「日本を一新すること」など到底できそうもない。

そこで、渋沢は、大隈に次のような提案をする。

「省中はただ雑沓を極むるのみで長官も属吏もその日の用におわれて、何の考えもする間もなく、一日を送って夕方になれば、サア退庁という姿である。この際、大規模を立てて真正に事務の改進を謀るには、第一その組織を設くるのが必要で、これらの調査にも有為の人才を集めてその研究をせねばならぬから、今、省中に一部の新局を設けて、おおよそ旧制を改革せんとする事、または新たに施設せんとする方法、例規等はすべてこの局の調査を経て、その上ときのよろしきに従ってこれを実施するという順序にせられたい」(『雨夜譚』渋沢栄一著より筆者が一部現代語訳)

つまり、渋沢は、このままでは遅々として進まないので、国家改革を専門に研究する機関をつくり、国家の重要な改革はすべてその機関の研究を経て行うべし、と提案しているのである。

大隈はその提案を受け入れ、当時、民部省の実務のトップだった伊藤博文と相談し、民部省の中に「改正掛」という部署を設けるよう太政官（政府）に働きかけた。

太政官（政府）でも特に反対する理由はなくすぐに承認され、渋沢が入省したその月（明治2年11月）のうちに〝民部省改正掛〟が誕生した。

この民部省改正掛こそが、明治初期の日本の大改革を主導することになるのだ。

前島密、杉浦愛蔵……新鋭官僚たち

民部省というのは、明治2（1869）年7月につくられた国内行政全般を司る省である。現在で言うならば、厚生労働省、自治省、経済産業省を合わせたような、巨大な権力を持った省庁だった。

しかも、この民部省は、創設された1カ月後には、大蔵省と合併された。

合併といっても、大蔵省、民部省とも省自体はそれぞれ存在するが、省内の官僚が両省を兼ねるようになったのである。つまり、二つの省庁を、一つの人員で切り盛りしていたという感じである。当時の新政府には、それほど人材が不足していたということだ。

渋沢栄一も、大蔵省の租税正でありながら、民部省改正掛に入ったのである。

民部省は、「民部大蔵省」ともいわれ、外務、司法以外のほとんどの国家権力を掌握するような巨大な官庁だった。

そして、その民部省の中でも、司令部ともいえる存在が民部省改正掛だったのだ。

渋沢栄一は、改正掛の業務について、次のように語っている。

「何しろ改正掛の仕事は非常に範囲が広く、全国測量の事、度量衡の改正、租税の改正、駅逓法の改良を初めとして、貨幣制度の調査、禄制改革、鉄道敷設案、諸官庁の建築等まで悉く改正掛の仕事であるから、討論審議に際しては種々なる議論も出て、一つの基礎案を作る迄には相当の時日を要したが、これらの用務に関しては総て詳細に調査をなし、施設の具体案から着手の順序、経費の支弁方法までつぶさにしたためてその筋へ建議したのであるから、大蔵省の事務は改正掛が設けられてからにわかに大繁忙を来たすようになった」（『渋沢栄一・雨夜譚』渋沢栄一／日本図書センター）

図4 「民部省改正掛」のメンバー（明治3年2月時点）

氏 名	官 職	出 身
大隈重信	民部大輔兼大蔵大輔	佐賀
伊藤博文	民部少輔兼大蔵少輔	長州
坂本三郎	民部少丞兼大蔵少丞	幕臣
玉乃世履	大蔵少丞兼民部少丞	長府
渋沢栄一	租税正	幕臣
肥田浜五郎	土木権正	幕臣
前島密	民部省出仕	幕臣
古沢迂郎	民部省出仕	土佐
江口純三郎	民部大録兼大蔵大録	佐賀
長岡敦美	民部少録兼大蔵少録	土佐
佐藤与之助	民部省出仕	幕臣
杉浦愛蔵	民部省出仕	幕臣
吉武功成	土木権大佑	蓮池
橋本重賢	監督権大佑	彦根

（『地租改正法の起源』丹羽邦男／ミネルヴァ書房より著者が抽出）

民部省改正掛のメンバーには、官軍側、反官軍側などを問わず、有能な士が集められた。

渋沢栄一は、改正掛の人材について次のように語っている。

「さて大蔵省内に改正掛を設くる事になり、租税司、監督司、駅逓司等からそれぞれ係員を任命されたが、私はその改正局の係長を命ぜられる事となった。

そこで私はこの重任を完うするには、改正掛に有為の人材を集めなければならぬと考え、大隈大輔と相談をして、前島密、杉浦愛蔵《すぎうらあいぞう》、その他の人々を登用し、なお洋書の読める人、文筆を好くする人、或種の専門知識を有する人等を推薦し、都合十二、三人で改正の事務に当たった」（前掲書）

前島密は、越後の富農出身ながら蘭学、英語などを修め、幕末の薩摩藩の開明所の講師などを務めた。

将来を見込まれ、幕臣の前島家の養子となり、幕臣として明治維新を迎えている。

農家出身で旧幕臣なのは、渋沢とまったく同じであり、渋沢もシンパシーを持っていたと思われる。そのために、スカウトしたのだろう。

杉浦愛蔵は、幕臣の家に生まれ、19歳で幕府学問所の助教授になるなど秀才の誉れ高く、文久ウィーン万博、慶応3（1867）年のパリ万博の幕府代表団に加わっている。渋沢とは、パリ万博で一緒に欧州を見て回った仲である。

図4（105頁）のように、出身母体を見ると旧幕臣がもっとも多い。

これは渋沢の意向が強く働いているともいえるが、幕臣でも、有能なものはどんどん採用したということだろう。

これには、伊藤と大隈の意向が強く働いていると思われる。

当時は「薩長閥」がもっとも幅を利かせていた時代である。明治維新でもっとも功のあった薩摩藩と長州藩の出身者が、新政府で非常に優遇されていたのだ。だから、新政府の要職は、薩長閥で占められることが多かった。

しかし、伊藤と大隈は、そういう薩長閥にとらわれず、優秀な人材を登用しようとしたのだ。

伊藤の場合は、長州藩出身であり、薩長閥を中心に近いところにいた。にもかかわらず、積極的に藩閥外の人材を採用したのである。長州閥から相当の反発があったに違いない。

伊藤と大隈は、欧米の知識を持った人物を優先的に登用したようである。両者とも、当時の日本では有数の欧米通であり、新しい日本を切り開くには、欧米の文明の導入が不可欠だと思っていたのだ。

そして、当時は旧幕臣の方が、欧米の留学経験や、蘭学の知識を持ったものが多かった。そのため明治維新の重要な改革は、実は幕臣の手によってなされることになる。

改正掛は、それが本職ということではなく、それぞれが大蔵省や民部省で職務を持ち、兼任で改正掛に入るという形になっている。

日本の改革の特別チームということである。

伊藤博文は、この民部省改正掛の世話役を務めていた。

伊藤は、長州の井上馨、土佐の陸奥宗光、岡本健三郎《おかもとけんざぶろう》なども引き入れて、民部省改正掛の面々と一緒に、日本の将来を議論しあったのである。

土佐の岡本健三郎というのは、土佐藩の下級官僚出身で、幕末には、坂本龍馬の海援隊の世話係のようなことをし、龍馬の片腕的な存在だった。大政奉還のときにも、龍馬とともに京都に赴いている人物である。

民部省改正掛の座長には、渋沢栄一が命じられた。

メンバーの間では、尊卑の別を置かずに、自由に発言できたという。

渋沢栄一によると、「血気盛んな人たちが、自分が研究したり、見聞きしたことを集まって議論するのだから、時には喧嘩と間違えられるような議論もあった。でもみな気心を知ったものばかりなので、遠慮会釈の無い書生付き合いをし、思い切った討論ができたので、実に愉快だった」ということである。

この民部省改正掛で、研究、議論して出した結論を、伊藤博文、大隈重信などが、政府に提案するという形をとった。

そして、次々と大きな改革を実行していったのだ。

「築地梁山泊」での熱い議論

またこの民部省改正掛と似たようなものとして、〝築地《つきじ》梁山泊《りょうざんぱく》〟なるものもあった。

この時期、伊藤博文と大隈重信とは築地に住んでいた。

伊藤と大隈はたびたび居宅を行き来して、「新生日本」について議論した。

また伊藤博文の盟友である井上馨や、民部省改正掛の面々、薩摩藩の五代友厚なども築地の周辺に住んだり、大隈邸に出入りするなどして、新生日本を語り合った。

そのため、この大隈邸を中心とした築地の集まりは、「築地梁山泊」といわれたのである。

当時、年長格の大隈重信で32、3歳である。伊藤博文、渋沢栄一が30歳になるかならないか、という頃である。皆、非常に若い。

今の社会の感覚でいうならば、まだ若造というところである。その彼らが、「明日の日本を背負う」という気概のもとに結集し、夜な夜な語り合っていたのである。おそらく、彼らにとっても、日本にとっても「熱い日々」だったに違いない。

この築地梁山泊のメンバーと、民部省改正掛のメンバーはリンクしている部分が多かった。築地梁山泊で議論されたことが、そのまま民部省改正掛の主題として取り扱われることも少なくなかったようである。

渋沢栄一は、この当時の大隈邸のことを次のように語っている。

「大隈邸は『築地の梁山泊』といえば何人も知らないものが無い程有名になった。この築地の梁山泊こそ、わが国立銀行制度や、最初の鉄道建設の策源地である」（前掲書）

第三章
「文明開化」の伝道師

鉄道建設を猛烈に推進

明治新政府は、維新からわずか5年後の明治5（1872）年に、「新橋」〜「横浜」間に鉄道を開通させている。

この鉄道の開通は、日本の近代化を大きく前進させた。

鉄道の建設で物流が活発化し、国内産業は発展、それは輸出増にもつながった。また何より、「鉄道」という最先端の文明に触れることで、人々に文明開化とはどんなものか、という事を具体的に提示することになった。

この鉄道建設にも、伊藤博文や民部省改正掛が大きく関与している。

鉄道の建設は、民部省改正掛の面々の旗振りによって実現したといってもいい。

鉄道の建設は、最初からすんなり行われたわけではない。当初は、政府内部でも、鉄道建設は賛否両論だったのである。

明治維新当時、すでに外国を見聞してきた者は、けっこういた。

幕府はアメリカに行った威臨丸など、欧米に幾度も要人を派遣している。民省部改正掛の渋沢栄一をはじめ勝海舟、福澤諭吉《ふくざわゆきち》なども、幕末すでに欧米を見て回っているのだ。

薩摩や長州なども、幕府の目を盗んで秘密留学した伊藤博文をはじめ、幾人もの留学生を送り出している。また幕府や薩摩藩は、1867年の「パリ万国博覧会」に出展したりもしている。

そういう欧米帰りの連中にとって、「文明開化」をするにはまず鉄道建設ということだった。

しかし、新政府の中枢にいた大久保利通、西郷隆盛、木戸孝允らは、鉄道の凄さを肌身で知っているわけではない。しかも、鉄道建設には莫大な費用がかかる。なので、彼らは鉄道建設を積極的に行おうとはしなかった。

そのため伊藤博文が、明治2（1869）年11月、「鉄道建設の建白書」を提出し、その建設を強固に働きかけたのだ。それが鉄道建設の大きな契機になった。

この建白書などにより、鉄道建設が決定したのである。

また鉄道建設は、計画の途中でもたびたび反対の意見が出た。

「外国から借金をしてそんなものをつくれば、後々、大きな災いとなるのではないか」

「鉄道ができれば、宿場などで働く人々が職を失ってしまうのではないか」

など、反対意見の建白書が続出した。

特に民間人は外国の知識がほとんどないため、「民間で鉄道建設に賛成したのは、美濃《みの》の谷という医師ただ一人だった」と『伊藤博文伝』には記されている。

それらの反対意見に対抗するため、伊藤博文ら民部省改正掛は、「鉄道建設反対」に対する反論の建議を行っている。

明治3（1870）年3月に出された「電信機・蒸気車ヲ興造ス可」というのが、それである。

この「電信機・蒸気車ヲ興造ス可」の要約は次の通りである。


「電信や鉄道は国が富んでから建設するものではない、国を富ませるために建設するものだ。現在、日本の物流は人馬や和船に頼るしかないが、鉄道を建設すれば、素早く割安で物の長距離輸送ができる。鉄道建設の官民におけるメリットは、計り知れない」

この「電信機・蒸気車ヲ興造ス可」が効いたのか、鉄道建設はどうにか認められたのである。

綱渡りだった資金調達

前述したように、明治新政府は、発足早々、鉄道の建設を決めた。

しかし、新政府はどうやって鉄道を建設すればいいか、みな見当がつかなかった。政府の中の誰もが鉄道を建設したことはないし、それどころか鉄道に接したことがあるものさえ、ごくわずかだったからだ。

鉄道を建設するにはあたって、最大の難関は資金調達だった。

鉄道を敷設するには莫大な資金が必要である。西洋諸国から技術を導入し、機関車や車両を購入しなければならないし、運行も当初は外国人に頼らなければならない。明治新政府には、その資金の目途《めど》がつかなかった。

明治政府は財政基盤が弱く、戊辰戦争での戦費もかさんだためとてもそんな金は捻出できない。民間の企業や資本家に金を出させるという手もあるが、日本の国民のほとんどは鉄道というものを知らない。

そのため外国の鉄道会社に日本の鉄道の敷設権を売り、外国企業によって鉄道をつくろうということも考えた。

当時、アジア諸国の鉄道は、欧米の鉄道会社がつくるのが普通だった。アジア諸国が自力で鉄道を建設した例は、まだなかった。

しかし、外国企業に自国の鉄道をつくらせることには抵抗もあり、なんとか自前でつくれないかと模索し、英国へ資金調達の打診をした。

そして、伊藤博文、大隈重信らの斡旋《あっせん》で、一旦はイギリス人の実業家H・ネルソン・レイに融資を受けることになった。

しかしこのH・ネルソン・レイは山師だった。

日本政府には、自分が個人的に融資をするようなことを言って、契約を取り付けていた。この融資契約では、融資額100ポンド（日本円488万円）、利子は12％ということになっていた。

ところが、その後、レイは日本政府の名前を使って勝手にロンドンで日本政府名義の公債を募集していた。この公債の条件は、利子が9％だった。

その広告が「ロンドン・タイムズ」に出ていたのをたまたま伊藤博文が見ていたのだ。

つまりレイは、ロンドンで利子9％の公債を発行し、日本政府に12％の利子を自分に支払わせようとしたのである。一国家が発行する公債で、3％もの巨額の利ザヤを一個人でせしめようとしていたのだ。そういう食わせ者の外国商人が、当時の日本にはけっこういたのだ。

そして伊藤の留学経験が、ここでも大きく生きてきているのだ。伊藤は、日ごろからタイムズ紙を読んでいたのである。今の日本の政治家に、日常的に外国語新聞を読めるものがどのくらいいるだろうか。それを考えると、明治初期に伊藤のような人物が高官だったことは奇跡的である。伊藤がいたからこそ、明治日本は、他のアジア諸国のように、欧米の食い物にされなかったということがいえるかもしれない。

それにしても、なんとも綱渡りな事である。

「国防」としての意義

明治新政府は、伊藤博文からの報告を受け、Ｈ・ネルソン・レイを不誠実として契約を破棄し、イギリス系のオリエンタル銀行に公債の発行業務を引き継がせた。

オリエンタル銀行が、ロンドンで外国公債を発行したときの利子は9％だった。レイのときよりも、3％も利率が低い。この3％の利子の差というのは、財政不足に苦しんでいた明治新政府には、かなり大きかった。

ちなみにこのオリエンタル銀行は、日本の明治初期の産業育成に大きな役割を果たしたが、銀の価格暴落などの影響で経営が悪化し、1884年に清算している。

このような紆余曲折を経つつ、ようやく明治5（1872）年に「新橋」～「横浜」間に鉄道が開通したのである。


当時のアジア諸国にとって「鉄道を自国でつくる」というのは二つの重要な意味を持っていた。

一つの意味は、鉄道を自国でつくれるということは、それだけ「国力が増強された」ということである。

もう一つの意味は、「外国に自国の基幹を握らせない」ということである。

当時は、欧米諸国がアジアなどで鉄道を引いた場合、鉄道関連施設の土地を租借する権利も付随していたことが多かった。

そしてこの権利を盾にとって、侵攻することも多かったのだ。

たとえば、ロシアは満洲で鉄道敷設権とその付随する土地の租借権を中国から得て、それを盾にとって満洲全土に兵をすすめた。そして、日露戦争で勝った日本は、ロシアから南満洲鉄道の権利を譲り受け、それを盾にとって満洲に兵を駐留させ、その挙句、満洲帝国として独立させてしまったのである。

日本が、自力で素早く鉄道をつくったことは、外国からの侵攻を防ぐという意味でも、非常に大きなことだったのだ。

鉄道建設が経済成長の原動力に

明治政府が資金的にはかなり無理をしても鉄道を建設したのは、正解だった。鉄道の開通が、日本経済の急成長をもたらしたともいえるからだ。

「新橋」～「横浜」間に敷かれた鉄道を見て、人々は鉄道がどんなものかを知り、便利さを実感した。

また西南戦争でも、人々は鉄道の重要性を認識した。西南戦争当時（明治10年）には、「東京」～「横浜」間（明治5年）、「大阪」～「神戸」間（明治7年）、「京都」～「大阪」間（明治10年）の鉄道がすでに開通しており、新政府軍の兵士輸送に大車輪の活躍をした。

これを見て日本全国に鉄道を建設しようという動きが広がり、各地の商人、実業家たちがこぞって鉄道の建設を始めた。

初開通からわずか35年後の明治40（1907）年には、日本の鉄道の営業キロ数は9000キロを超えていたのである。そしてその7割が私鉄だった。つまり民間資本によって、鉄道のインフラ整備を行えたのである。

たとえば、明治14（1881）年には、「日本鉄道会社」が設立されている。日本鉄道会社とは、岩倉具視などが音頭をとり、華族などの資金をもとに鉄道を建設しようという趣旨でつくられた鉄道会社である。

鉄道建設の促進とともに、華族の経済基盤の確立も目指したものだった。東北本線、常磐線など、東日本の基幹線の多くは、この日本鉄道会社が建設したものである。

そして、日本鉄道会社に前後して雨後の竹の子のように他鉄道会社も設立された。明治の鉄道は、私鉄が大きな推進力になった。国は財政が苦しかったので、民間が鉄道を建設するのは、国としてはありがたいことだった。

明治23（1890）には、私鉄の営業キロ数は国有鉄道を抜いた。

ただ明治政府は、民間資本を使ってこれだけの鉄道整備を行った挙句、明治40年には、「鉄道国有化法」を施行した。

鉄道というのは、軍事上も重要な意味を持つものなので、私鉄が多すぎるのはまずいということである。

そもそも明治政府は、私鉄をいつでも国家管理できるような準備はしていた。当時の私鉄は、国の厳重な規制の下、レールの幅なども統一されており、戦争が起きたときに、いつでも軍事利用することができた。

そして、この鉄道国有化法により、４８００キロの私鉄路線を国有鉄道が買収し、現在のＪＲに近い姿となった。

明治政府は民間の資本を利用して全国に鉄道を建設し、それが軌道に乗ったところで全部かっさらったわけである。現在では、ちょっと通用しそうにないやり方だけれども、当時としては（国の発展のためには）うまくやったということである。


そして鉄道の建設は、日本の産業の発展に大きな影響を与えた。

明治前半期の産業では、鉄道が大きな割合を占めていた。

たとえば明治18（１８８５）年には、鉄道会社への資本金払込総額は７１３万６千円に及んだ。日本の工業全企業への資本金払い込総額は７７７万千円だったので、当時の鉄道会社は、日本の全工業を合わせたくらいの規模があったのだ。

また明治28（１８９５）年は鉄道会社への資本金払込総額は７３２５万３千円に達

し、工業全企業への資本金払い込総額5872万9千円を大きく凌いでいた。

つまり、当時の鉄道会社の規模は、日本の全工業の規模よりも大きかったということである。

この傾向は、日露戦争まで続き、工業全社の規模が鉄道会社を超えるのは、日露戦争後のことなのである。

これを見ても明らかなように、明治日本は鉄道が広がるとともに、各地に産業が発展し、文明開化が全国に波及し、各地の産業が発展していったのである。

「電信」の開通

伊藤博文は、「電信」についても早くからその必要性を新政府に訴えていた。

欧米諸国は、電線によって遠隔地間の通信をする「電信」という設備を整えている。そのため、世界のあちこちとすぐに通信ができるし、世界中の情報が即座に手に入る。

伊藤に、この電信の便利さを痛感させたのは、幕末の長州藩の四か国戦争のときだと思われる。前述したように、伊藤は留学先のロンドンで、長州藩が英仏などの艦船に砲撃していることを知った。これも、電信によりアジアの情報がロンドンにもたらされていたからだ。当時イギリスは、日本には電信は敷いていなかったが、中国には敷いていたので中国経由で日本の情報がロンドンまで即座に届いていたのだ。

伊藤は、この電信のおかげで長州藩の危機を知り、急遽帰国して明治維新に参加することができたのだ。

伊藤は、電信とはこんなに便利なものなのだ、ということを誰よりも知っていたのである。そのため、伊藤は新政府にも、電信の導入を強く勧めた。

新政府もそれを認め、電信施設がつくられることになった。

伊藤は、民部省の雇われ外国人だったイギリス人のアール・ヘンリー・プラントンに依頼し、電信機の購入にあたらせた。


明治日本が急激な経済成長を成し遂げられた要因の一つが、インフラ整備である。

明治日本というと軍事最優先のようなイメージがあるが、決してそうではない。明治の前半期（明治15年くらいまで）は、軍事よりもまずインフラ整備に力を注いだのである。

明治15年以降、清との対立が激しくなってからは、軍事費が優先されたが、それでも、インフラ整備には決して手を抜かなかった。

新政府が維新早々に鉄道建設を行なったことはすでに述べたが、情報通信のインフラ整備も素早く行ったのだ。

明治維新からわずか1年後の明治2（1869）年8月には、「横浜灯明台」～「神奈川県裁判所」間に電信線を実験架設し、この年の12月には「東京」～「横浜」間の電信線を開通させている。

明治5（1872）年には「東京」～「神戸」間、翌明治6（1873）年には「東京」～「北海道」間の電信線が開通。明治10年ごろまでには、全国主要都市に電信線網が行きわたった。

日本に初めて電信機が入ってきたのは、嘉永7（1854）年、いわゆるペリーの来航時のことである。ペリーが持ってきた将軍への献上品の中に、電信機があったのだ。この電信機は公開実験され、当時の日本人を驚愕させた。

しかし、それからわずか20年後には、ほぼ日本全国に電気通信網が敷かれていたのである。この素早さには驚かされる。

電信が開通すれば、情報の伝達が早まり、産業の発展にも大きく影響した。

ここでも、伊藤博文の先見性が発揮されているのだ。

「郵便」の設立と「生糸」の奨励

また民部省改正掛は、鉄道建設だけではなく「郵便制度」の設立にも大きな役割を果たしている。

当時は、江戸時代から続く「宿駅《しゅくえき》制度」があったが、これは莫大なコストがかかる上に、街道沿いの住民に多大な労力を強いるものだった。街道沿いの住民は、使役として宿駅業務を行わなければならなかったからだ。

だから電信や郵便制度を整えれば、コストは大幅に削減され、住民の負担も減る。

そのため民部省改正掛は、郵便制度の設立も新政府に強く働きかけた。

そして、民部省改正掛のメンバーである前島密が、この作業を担うことになった。

前島密は、明治3（1870）年に、郵便制度設立のためイギリス視察を命じられ、翌年に帰国して駅逓頭《えきていのかみ》（郵政事務次官のような地位）となり、日本の近代郵便制度の基礎を築いたのだ。

民部省改正掛の提言や指導は、国家制度だけではなく、民間事業にも及んだ。

「生糸」の増産を全国に呼び掛けたりもしているのだ。

明治3（1870）年2月、民部省改正掛は、養蚕方法書を全国に配布して、養蚕を奨励するとともに、養蚕地に「下問書」を配り、養蚕、製糸などの実情を報告させた。また同年の7月には、全国の地方庁あてに、「官民が協力して養蚕事業に力を入れるように諭告している。

これは、渋沢栄一の意向が強く反映していると思われる。前述したように、渋沢は農家出身であり、当然のことながら農産物に関する造詣が深い。

明治新政府は、「産業を発展させたい、特に輸出の原動力となっている生糸の生産を高めたい」という気持ちを強く持っていたが、具体的にどうすればいいのかはなかなかわからない。

しかし渋沢は、日本の農業を熟知している上に、外国の農業の技術も見聞している。日本の農業の長所と短所を知り尽くした渋沢は、「何が足りないのか」「どうすれば技術が発展するのか」という具体的なビジョンを持っていたのである。

かの「富岡製糸場」の建設も、民部省改正掛の存在が大きく影響している。

富岡製糸場は、日本産の生糸の不良品事件が契機となって建設されたものである。

ロンドンで日本産の生糸が品質不良として数千函焼却された事件が起き、明治3（1870）年3月にフランス人商人ガイゼン・ハイメルらから、大隈重信が生糸改良を勧告されたのだ。それを受けて、大隈、伊藤は渋沢らに生糸改良の研究を命じ、その延長として富岡製糸場がつくられたのである。

富岡製糸場は、フランスから最新の設備を導入した、当時としては世界でも有数の規模を誇る製糸工場だった。

渋沢栄一は、この富岡製糸場の設計監督も担っている。

富岡製糸場は、官営工場の払下げ令により明治26（1893）年に、三井家に払い下げされた。業績のいい工場は払下げにはなっていないので、業績的にはあまりよくなかったといえる。

しかし、富岡製糸場は、多くの見学者や技術取得希望者を受け入れた。富岡製糸場に刺激をうけ、長野や山形などにも製糸場が相次いでつくられた。パイロット工場としての役割は十二分に果たしたといえる。

わずか2年で終わった「民部省改正掛」

このように矢継ぎ早に、国家改造を主導した民部省改正掛だが、その活動期間はわずか2年ちょっとに過ぎなかった。

前述のように、民部省は大蔵省とも合併し、巨大な権力を持っていた。

明治新政府というのは、革命政府にありがちな激しい権力闘争も当然行われており、民部省、大蔵省は、周囲の目の敵になりつつあったのだ。

一時、民部省改正掛は、行政のほとんどの分野を一手に引き受けている様相となった。

それは、維新第一世代からの嫉妬を生んだ。

大久保、西郷、木戸などの維新第一世代は、幕末の大動乱期に決死の活動を続け、明治の世を開いたという強烈な自負がある一方で、欧米の知識などはあまりない。伊藤や大隈がやっていることについても、よくわからない、というものが多かった。

特に薩摩閥の最高実力者である大久保利通は、民部省のことを快く思っていなかった。大久保は、民部省、大蔵省の巨大化を警戒しつつ、同時に民部省内に旧幕臣が多かったことも快く思っていなかった。

そのため大久保利通は、民部省の弱体化工作に乗り出す。

明治3（1870）年閏10月には、工部省が新設され、産業行政部分が切り離された。さらに明治4（1871）年に、民部省は大蔵省と合併するという建前で、消滅させられたのだ。

また民部省改正掛のリーダーだった渋沢栄一も、民部省の後を追うようにして、政府から退くことになる。

民部省消滅と同時に大久保利通が大蔵卿となった。井上馨が大蔵大輔となり、渋沢栄一は大蔵大丞であり実務のトップだった。

大久保利通と渋沢栄一は、馬が合わなかったようで、渋沢は、大久保との確執で大蔵省から去ることになる。

渋沢は後年、大久保のことを次のように述べている。

「大蔵卿（当時）の大久保利通公とは『虫が好かぬ』とでもいうのか、どうも意が合わなかった」（「渋沢栄一・雨夜譚」渋沢栄一著・日本図書センター）

この後、渋沢は野に下り、実業界の重鎮となっていく。しかし伊藤や大隈との関係は、その後も続いた。伊藤、大隈、渋沢は、日本を官民の両面から改革していくことになるのだ。

「岩倉使節団」が日本を近代化に導いた

明治新政府は、明治4（1871）年の末から2年近くにわたり、政府の首脳を構成員として大使節団を欧米に派遣した。いわゆる「岩倉使節団」である。

近代日本の建設に大きな影響を与えたこの岩倉使節団にも、伊藤博文は参加し、副使として全体の世話役的な仕事を行っている。

岩倉使節団が出発した明治4（1871）年というのは、明治維新が起きたばかりである。

戊辰戦争が最終的に片付いたのは、このわずか2年前である。政府はまだ基盤がまったく固まっていないし、国中が混乱していた時期である。

そんな中で、政府の中枢がごっそりと国を空けて、長期間の視察旅行にでかけたのである。その大胆さは、驚嘆である。

逆にいえば、明治新政府はそれほど欧米の新知識を必要としていたのだ。

この岩倉使節団を最初に発案したのは、岩倉具視自身だとされている。彼は明治維新の10年前の安政5（1858）年、孝明《こうめい》天皇に「欧米諸国に調査団を派遣すべき」という建言書を提出しているのだ。

岩倉具視に限らず、「外国の文明を自分の目で見てみたい」と思う者は大勢いた。かの吉田松陰も、黒船に密航しようとして捕縛されており、幕府や諸藩からも留学や密航をしたものは大勢いた。

岩倉具視

何度も触れたように伊藤博文も幕末にイギリスに留学しているのである。

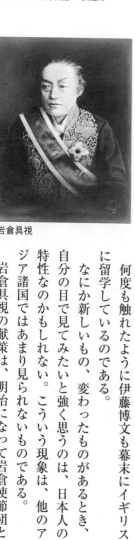

なにか新しいもの、変わったものがあるとき、自分の目で見てみたいと強く思うのは、日本人の特性なのかもしれない。こういう現象は、他のアジア諸国ではあまり見られないものである。

岩倉具視の献策は、明治になって岩倉使節団として実現することになる。

岩倉使節団は、特命全権大使として右大臣の岩倉具視、副使として長州の木戸孝允、薩摩の大久保利通、長州の伊藤博文、山田《やまだ》顕義《あきよし》、土佐の佐々木《ささき》高行《たかゆき》ら全部で46名だった。

この使節団に参加したのは、薩長に限ったものではなく、旧幕臣も多く参加していた。藩閥などを越えた国家的プロジェクトだったのである。またこの使節団には、留学生として派遣される青少年43名も同行していた。随行員を合わせると総勢１０７名にも及ぶ大使節団だった。

岩倉使節団は、船出から2週間後にサンフランシスコに到着した。

それから大陸横断鉄道で首都ワシントンに赴き、グラント大統領に謁見した。アメリカを皮切りに、イギリス、フランス、ベルギー、オランダ、ドイツなどを訪問した。

この岩倉使節団には、大きく二つの目的があった。

一つは、不平等条約の改正のためのデモンストレーションである。日本には近代的な国家が出来たことをアピールし、これまで結ばれていた欧米との不平等条約を改正しようというわけである。

そしてもう一つが、欧米の新技術の視察である。

一つ目の目的は、達することはできなかった。

一行はアメリカで大歓迎を受けたので、その勢いで条約改正もなるかも、という事で、急いで天皇の全権委任状を取り寄せた。

しかしアメリカは、その国民性から歓迎の意を表しただけで、条約を改正するつもりはまったくなかった。欧州各国でも、同様だったのだ。

が、もう一つの目的は、立派に果たしたといえる。

一行は、アメリカのホテルでは、吹き抜けの螺旋階段やエレベーターに度肝を抜かれ、イギリス・リバプールの造船所、グラスゴーの製鉄所などを見て、その巨大さに驚嘆した。造船所や製鉄所はすべて石炭エネルギーで稼働しており、そのため黒煙が天を覆うように吹き上げていた。

上水道、下水道が整備され、国中が鉄道と舗装された道路で結ばれている。

なかでも大久保利通は、大きな衝撃を受け、次第に無口になっていったという。そして彼は日本にとってもっとも大事なのは、産業の発展だと考えるようになった。帰国後、精力的に殖産興業政策を推し進めることになった。

大久保利通との信頼関係

伊藤博文は、この渡欧中に薩摩藩の大久保利通とも懇意になった。

大久保利通は、当時、西郷隆盛と並ぶ薩摩藩のリーダーであり、新政府の首相格でもあった。

大久保利通は、文政13（1830）年、薩摩藩の下級武士、大久保利世《おおくぼとしよ》の家に、長男として生まれる。

弘化3（1846）年、藩の記録所書役助として出仕する。三つ年上の西郷隆盛とは同じ町内に住み、幼馴染でもある。

事務処理能力に優れながら、薩摩藩の御家騒動に巻き込まれ、罷免されるなど不遇な青少年時代を送る。が、やがて復職し、藩主の趣味であった碁を覚えるなどして出世、安政4（1857）年には徒目付となる。

幕末には、西郷隆盛とともに藩を率いる立場になり、尊王攘夷運動、討幕運動を主導的に行う。慶応3（1867）年11月、岩倉具視や長州藩と結託し、「王政復古」のための武力討幕を計画するが、その直前に、土佐藩が献策した「大政奉還」を幕府が受け入れ、自動的に王政復古がなされる。

が、大久保らは武力討幕を行う準備を進め、慶応4（1868）年1月に鳥羽伏見の戦いが勃発。戊辰戦争へと発展し、旧幕府勢力を一掃。明治維新を成し遂げた。

戊辰戦争終結後、大久保は明治新政府に参与として招聘される。明治2（1869）年には、参議（大臣クラス）に就任する。大久保は、新政府の中心的な立場で、「版籍奉還」「廃藩置県」など日本を封建制度から脱却するための重要政策を実施することになった。

岩倉使節団当時の大久保利通は、実質的な首相というような立場といえた。

大久保利通

この大久保利通に、伊藤博文はすっかり気に入られたのだ。大久保は薩摩藩の後輩よりも、伊藤への信頼を厚くするようになる。

当時は、薩摩藩と長州藩のお互いのライバル視が激化していたころである。その薩摩藩の領袖《りょうしゅう》と懇意になるのだから、またしても、伊藤の「愛されキャラ」の本領発揮というところである。

その代わり、このころから伊藤は、長州閥の領袖だった木戸孝允とは微妙な関係になっていく。わかりやすく言えば、木戸が嫉妬したのだろう。

だから、伊藤は木戸の機嫌取りにも奔走させられることになるのだ。

津田梅子の世話を焼く

岩倉使節団には、約60名の官費留学生も同行し、女子留学生も5人いた。

その中には8歳の津田梅子《つだうめこ》もいた。

伊藤博文は、このとき津田梅子とも懇意になった。

懇意になったといっても、梅子はこのとき8歳であり、伊藤がよく世話をしてあげたということだろう。しかし梅子は8歳の少女であっても、日本を代表しているという自覚があった。

津田梅子は11年間、アメリカ東部の京野のある家庭に預けられた。

帰国後、梅子は、伊藤博文家の家庭教師をするなど、伊藤とは縁が続いた。

そして、津田梅子が女子教育、英語教育の普及に乗り出すとき、伊藤は全面的にバックアップした。現在の津田塾大学の前身である「女子英学塾」を創立するときにも、陰に陽に支援している。

日本の女子教育は、明治以降急速に発展したが、それは伊藤と津田梅子との岩倉使節団での出会いと無縁ではないのだ。

また岩倉使節団には、すでに欧米各地に派遣されていた留学生の勉学状況のチェックという役目もあった。

明治政府は、西洋の文物を取り入れるために、多くの官費留学生を派遣していた。留学生には年間７００ドルから千ドルが支給されていた。これは高級官僚の年収をしのぐ額だった。

津田梅子

留学生は旧大名や皇族などの子弟が多く、優秀で勉強熱心なものが多かったが、一部には勉強もせずに放蕩しているものもいたのである。

この当時の日本の若者は、みんな一生懸命、西洋の文明を持ち帰ろうと頑張っていたという印象があるが、いつの時代にもダメな若者はいるものである。

明治新政府は、それらのダメな若者をチェックし、帰国させようと思っていた。岩倉使節団の目的には、その選別もあったのだ。

韓国とどう接するか

岩倉使節団の残した最大の仕事というのは、「征韓論」の廃止であろう。

明治6年から7年にかけて、「征韓論」という思想が日本を席巻していた。

当時、韓国はまだ開国しておらず、日本の新政府との国交も樹立していなかった。日本は、明治元（1868）年12月、韓国に使者を派遣し、国交の樹立を呼びかけたが、韓国側が拒否したのである。

韓国の李朝政府は、日本の「洋化政策」を快く思っていなかった。当時の韓国は、欧米諸国との間で摩擦が生じていた。だから、いち早く開国し欧米化していく日本に、強い警戒感を持っていた。

そして、明治新政府を日本の政府として認めようとしなかった。

韓国の李朝政府は、明治政府がよこした国書の中に、「皇」と「勅」という字が使われており、この二文字は清の皇帝だけが使うものである、として受け取りを拒否したのだ。

明治新政府の中からは「韓国を無礼だ」とし、軍を派遣し、力づくで開国させよう、あわよくば占領してしまおう、という意見も出てきたのだ。それが「征韓論」である。

この「征韓論」は一旦しりぞけられる。

明治新政府は、外交的にも片づけなくてはならない問題が山積しており、韓国に出兵するような余裕はなかったのだ。

しかし征韓論は、明治6（1873）年に再燃するのだ。

不平士族たちの意をくみ取った西郷隆盛、後藤象次郎、江藤新平《えとうしんぺい》らが、再度、征韓論を唱えたのだ。

当時、新政府は戊辰戦争で戦った官軍の置き場所に困っていた。彼らは勝利軍ながら、満足な褒賞ももらえておらず、また戦闘が終われば藩地に戻っていた。彼らは不満をためており、新政府にとっては大きな不安要因だったのだ。

そのため、官軍を韓国に派遣して、韓国を征服してしまおうという意見が出てきたのだ。

そして岩倉使節団の留守中に、「西郷隆盛を全権大使として韓国に派遣する」という政府決定まで行われていた。

これまでの日韓関係の経緯から見れば、西郷が韓国に赴けば韓国で殺される可能性が高い。それを契機にして、韓国と一戦交え、占領してしまおう。西郷の韓国派遣にはそういう意図があったのである。

「征韓論」をつぶした岩倉使節団

しかし、岩倉使節団は帰国するや否や、猛烈に「征韓論」に反対を唱える。

岩倉具視、大久保利通、木戸孝允をはじめ、使節団のほとんどの要人は、征韓論に反対した。

欧米を視察したものとそうでないものは、見事なほどに見解が分かれたのである。

岩倉使節団は、薩長や幕臣、公卿の寄せ集めである。その寄せ集めが、このときばかりはほぼ一致団結した形で、征韓論に異を唱えたのだ。

実は木戸孝允は、以前の明治元（1868）年には征韓論を唱えていた。明治元（1868）年、木戸は三条実美、岩倉具視への書簡で「朝鮮くらいは日本の版図に加えるべし」とし、「後々は朝鮮に日本府を立てるべし」とまで述べている。このときは、逆に西郷隆盛から「今は内政に専念するべき」と諫められているのだ。

しかし、欧米を視察して戻った後の木戸は、「そんなことをしている場合じゃない」と言って、すっかり征韓論をなだめる立場になったのである。それくらい欧米を見たときの衝撃が大きかったということだろう。

しかも征韓論は、ただ韓国を征服するだけでは終わらない可能性もあった。下手をすれば韓国の宗主国である清と戦争をしなくてはならないかもしれない。当時の日本にはそんな国力はない。また苦しい戦争をして国力を疲弊すれば、たちまち欧米諸国に侵略されてしまうだろう。

欧米諸国を見てきた彼らにとっては、それは切実なことであり、絶対に避けなければならないことだった。

しかも当時の日本は、欧米の大国ロシアと国境問題を抱えていた。

ロシアと日本は、江戸時代から北方領土に関して、たびたび諍《いさか》いになっていた。そのため慶応3（1867）年に幕府がロシア政府との間で「日露樺太雑居条約」を結んでいた。この「日露樺太雑居条約」より、樺太は日本とロシア両方が雑居できるということになっていた。

しかし、当時はロシア側の植民ばかりが進み、ロシア人と日本人の衝突が頻発するようになっていた。樺太は、日本にとっては厳寒の最北端であるのに対し、ロシアにとっては温暖な最南端である。ロシアから樺太への進出の勢いは、日本とは比べものにならない。ロシアはあっという間に、樺太を我が物顔に占有するようになってしまった。

日本はその状況に圧倒されてしまう。

このままロシアを放置していれば、ゆくゆくは北海道まで手を出されかねない。

明治政府は、北海道や北方領土を守るため、失職した武士を送り込み、開拓と守備兵の役割を担わせようとした。

それがいわゆる「屯田兵《とんでんへい》」なのである。

この問題は、明治8（1875）年、「千島樺太交換条約」によって一応解決することになるが、征韓論が巻き起こっていた当時は、まだ諍いの真っ最中だったのである。

こういう状況の中で、下手に韓国に手を出してしまえば、ロシアからの侵攻も招きかねない。

そのため、岩倉使節団一行は、征韓論に「絶対反対」したのである。

しかし、岩倉使節団一行は、一旦、政府の要職から離れていたので、閣内には征韓論派の方が優勢だった。

なので、一度は、西郷の韓国派遣が閣議決定した。

それでも、岩倉使節団派はあきらめなかった。

このときに活躍したのが、伊藤博文だった。

前述したように、伊藤はこの渡欧中に薩摩の大久保ともすっかり懇意になっていた。

そして岩倉具視と、長州藩の木戸孝允とをうまく調整し、岩倉使節団が団結して、反征韓論の論陣を張ったのである。

そして最終的には、岩倉具視が天皇に直訴し、天皇の勅旨という形で西郷の韓国行きを白紙に戻した。

西郷隆盛らの征韓論派は怒り、西郷のほか、土佐の板垣退助《いたがきたいすけ》、後藤象次郎、肥前の江藤新平、副島種臣《そえじまたねおみ》などが一斉に参議職を辞し、野に下った。

それが西南戦争へとつながるのである。

「西南戦争」へ

この征韓論での新政府の分裂は、最終的に「西南戦争」にまで行き着いてしまう。征韓論の政争で敗れ、下野した西郷隆盛は薩摩に帰郷し、武士のための私学校をつくった。

この私学校は、学校とは名ばかりで事実上は、「私設軍隊」といえた。

また当時の薩摩は、中央政府からある意味、独立したような存在になっていた。中央政府からの役人も受け入れず、法律も施行しない。武装解除にも応じず、薩摩で徴収された税金は、中央政府には一銭も支払われていなかった。

中央政府のなかからは、「薩摩をこのままにしておくべきではない」という主張が起こってきた。特に長州出身の木戸孝允などは、「いつまでも薩摩だけを特別扱いしてはならない」と強く主張した。

当時、事実上の首相だった薩摩出身の大久保利通も、この主張にあがない切れず、薩摩の説得に乗り出すが、薩摩は頑として受け入れない。

ところで薩摩には政府軍の火薬庫があった。これは、象徴的な意味での火薬庫ではなく、本当の火薬庫である。これを薩摩の私学校に奪われることを恐れた政府は、明治10（1877）年の正月に、火薬庫から火薬を引き上げようとした。

それに激高した私学校側が、ついに決起した。「朝廷へ直訴する」という名目で、生徒（兵）を動員し、東上を始めたのだ。

西郷隆盛

薩摩私学校側は、当初、新政府軍を完全にバカにしていた。

「百姓、町人の軍など恐るるに足りない」

ということである。

新政府軍は、熊本に置いていた鎮台兵を熊本城に籠城させた。

薩摩私学校軍の上京を熊本で阻止しようというわけだ。

薩摩私学校軍の司令官である桐谷利秋《きりたにとしあき》は「熊本城など竹槍一本で落として見せる」とまで豪語した。

しかし、案に反して、熊本城は1カ月たっても落城しなかった。

そして、中央から新政府軍の援軍が続々と駆けつけはじめた。この援軍の熊本城入城を、薩摩軍は必死に阻止しようとした。そのため、熊本城近くの田原坂付近では大激戦が行われた。

これが、世に言う「田原坂の戦い」である。

新政府軍は、当初、薩摩側の斬りこみ攻撃に悩まされた。

百姓、町民の兵士たちは、銃撃についての訓練は受けていたが、刀によるゲリラ的な斬りこみには慣れていなかった。

刀をかざして斬りこんでこられると、たちまち退散してしまうようなことも多々あった。

新政府軍は、この薩摩側の斬りこみに対抗するために、警官隊による抜刀隊を組織して対抗した。当時の警察官には、旧武士が多く、斬りあいにも慣れていたのだ。新政府軍は兵が不足していたため、警察も兵として参加していたのだ。

そして当時の警察には旧薩摩藩士も多かった。つまり、旧薩摩藩士が、抜刀隊として薩摩の私学校側と戦っていたのである。

新政府軍は次第に物量で圧倒し始め、開戦から約2カ月後には、薩摩軍の熊本城包囲を退け、援軍が熊本城に入城した。

図5　伊藤博文関連年表Ⅳ

明治2（1869）年6月	版籍奉還
7月	伊藤博文、大蔵少輔を命じられる
明治3（1870）年11月	伊藤博文、財政調査のために渡米する。
明治4（1871）年11月	岩倉使節団出発。伊藤博文も副使として同行する。
明治6（1873）年9月	岩倉使節団、帰国。
10月	征韓論の政争に敗れ、西郷隆盛、板垣退助らが下野する。
明治10（1877）年2月	西南戦争が始まる。
10月	西南戦争、終結。西郷隆盛、自決。

それ以降は、坂を転がり落ちるように、薩摩側は敗転を続け、8月には総大将の西郷隆盛が自決し、戦闘が終結した。

この西南戦争は、幕末には最強と言われた薩摩武士団を、平民中心につくられた新政府軍が破ったということで非常に意味のあるものだった。

新政府による軍制改革が成功したということを意味しているし、ひいては、武士の時代の終焉を決定づけたといえる。

戦争指導をした伊藤博文

西南戦争当時、伊藤博文は、大久保利通や岩倉具視とともに大阪に赴き、新政府軍の戦争指揮を行った。後年は、戦争の指揮については陸軍の参謀総長が行うようになったが、当時は政府の高官自らが行ったのである。

当時は、まだ新政府軍といえども、薩摩藩、長州藩、土佐藩、肥前藩などの藩士の寄せ集めが主力だった。だから軍人幹部は、薩摩系、長州系、土佐系などに分かれて、反目とまで言わずとも、対抗しあっていた。特に薩摩系と長州系は、対抗意識が強かった。

伊藤は、長州藩系軍人のトップだった山懸有朋を通じて長州系軍人をおさえ、大久保には薩摩系軍人をおさえてもらうことで、両者の連携を図った。

また伊藤は、急遽、長州で元官軍兵たちの募兵を行い、戦地に派遣したりもした。

伊藤は間違いなく、この西南戦争では大きな功績があった。

しかし西南戦争は、勝った新政府軍も手放しで喜ぶことはできなかった。政府の中枢には多くの薩摩藩出身者がおり彼らの心境は複雑なものであり、ともすれば、西南戦争を指揮した大久保や伊藤に対する反発さえ生じかねない状態だった。

そういう空気を察してか、伊藤を降格させようという話もあったという。当時、岩倉具視が薩摩藩出身の黒田清隆《くろだきよたか》に出した手紙では、このとき伊藤を参議から大輔に降格させようかと思うがどうだろうか、と打診されているのだ。

この降格の話は、人事のバランスなどを考慮して、立ち消えになったようである。が、逆に言うと、そういう空気になるくらい伊藤が西南戦争の戦争指導で果たした役割は大きかったということである。

第四章

「中央銀行」という世界最先端の金融システム

新政府を揺るがせた贋金問題

明治新政府は、「富国強兵」「殖産興業」という大きな目標を掲げていた。

それは、他のアジア諸国のように欧米列強に飲み込まれないように、日本を豊かな強い国にしようということである。

富国強兵、殖産興業のためには、まずは近代的な財政金融システムの導入が不可欠だった。これにも、伊藤博文が大きな役割を果たしている。

具体的にいえば、日本で最初に「銀行」をつくったのは伊藤博文なのである。


明治維新直後、日本の金融制度は大混乱していた。江戸時代までの日本の金融制度は、幕府が初歩的な貨幣制度をつくっていただけなので、それも無理はないことだった。

明治新政府が、維新早々にまず直面した課題は、「贋金問題《にせがね》」だった。

幕末から明治初期にかけて、日本では大量の「贋金」が流通していた。

その大半は「万延《まんえん》二分金」の贋金だった。「万延二分金」とは、万延元年（186

0年）から鋳造《ちゅうぞう》を開始された金貨で、通貨価値は2枚で1両に相当する（1両＝4分）。

この万延二分金は、それまでの金貨と比べると、金の含有量は60％しかなかった。金の減量分は、幕府の取り分になるという寸法である。

幕府の勘定奉行小栗上野介《おぐりこうずけのすけ》は、この万延二分金の改鋳による差益で、横須賀製鉄所を建設する計画を立てていたといわれている。

幕府はこれまでも財政が悪化すると、たびたび貨幣の改鋳（改悪）を行い、その差益を臨時収入としてきた。しかも幕末は出費が続き、財政は火の車だった。そのため幕府はこの万延二分金を大量発行したのだ。

しかし幕末において、財政が悪化していたのは、幕府だけの話ではなく、諸藩も同じだった。そのため、諸藩がこの「万延二分金」を模倣した金、つまり贋金をつくり出したのだ。

幕末から明治初期の間に、薩摩をはじめ、会津藩、安芸藩などでも、この万延二分金の贋金を鋳造していたことが判明している。特に薩摩藩は、かなり早い時期から鋳造技術者をわざわざ江戸から呼び寄せ、相当な額の贋金をつくっているとされている。

贋金製造をした藩は、現在、判明しているだけでも、会津、秋田（久保田）、仙台、二本松、加賀、郡山、佐土原、高知（土佐）、広島（安芸）、宇和島、薩摩、筑前、久留米がある。

このなかに長州藩は入っていない。しかし、長州藩は贋二分金の製造については判明していないが、百文銭を偽造していたことは判明している。

つまり、幕末に大きな政治的な動きをした藩は、だいたいどこも贋金をつくっていたのだ。

贋金が国際的な問題に

贋金は、明治に入ってから国際的な大問題となる。

明治2（1869）年の1月、イギリス、フランス、アメリカ、ドイツ、イタリアの各国公使が相次いで、日本政府に貨幣に関する抗議を行ったのである。

諸藩は、製造した贋金をしばしば西洋諸国から輸入した武器、軍艦などの支払いに充てていた。

当時の外国との貿易では、日本の貨幣と欧米の貨幣は、金と銀の含有量に応じて、交換するようになっていた。そのため、規定の金含有量を満たしていない贋金を貿易の支払いにあてることは、通商条約を違反することになるのだ。

明治2年7月、外国公使団と新政府首脳の間で、贋金問題に関する協議がもたれた。いわゆる「高輪談判」といわれるものだ。

伊藤博文も、この高輪談判に新政府の交渉団に一員として参加している。

その席で、外国公使は次のような抗議をした。

「諸藩は、贋金を製造し、それを蒸気船や武器などの外国貿易の支払いに充てた。長崎、兵庫での貿易は、たいていこの贋金で支払われており、夥《おびただ》しい金額に上る」

そして外国公使団は、外国商人が摑まされた贋金の総額は3000万両と見積もっていた。明治3年度の国家歳出が約2000万両なので、それをはるかにしのぐことになる。

しかし、明治新政府は、実際にはそれよりも少ないだろうと見積もり、また引き換えに応じなければこの問題は収まらないと見て、贋金の引き換えに応じた。

すると、外国人が交換した贋金は約34万両、日本人が交換した贋金は約200万両、合計しても2百数十万両に過ぎなかった。

これでようやく外国公使たちの抗議は収まった。

日本初の「貨幣条例」が制定

しかし、この贋金問題は、根本的に解決したわけではなかった。

というのも、これまで日本では幕府が小判などを製造し、それが公定の通貨とされていたが、幕府は小判の金銀の含有量などをときどき変更したり、また品質にむらがあったりして信用性が低かった。

それが、贋金問題を招いた大きな要因でもあった。

しかも明治新政府の通貨政策は、幕府のやり方をそのまま踏襲していただけだった。慶応4（1868）年閏4月に貨幣司という機関をつくり、幕府から接収した金座、銀座などで、幕府がつくっていた二分金、一分銀などを製造していた。

それでは、貨幣における根本的な問題は解決されない。

そこで伊藤博文は、大隈重信を通じて新政府に対して「法律で貨幣の品質などを明確に規定し、政府が責任をもってその貨幣を製造するようにすべき」という提言した。

新政府はこの提言を受けて、大阪に「造幣寮（現在の「造幣局」）」をつくった。

伊藤は、この造幣寮の現場責任者となった。

伊藤は、上海にあるイギリス・オリエンタル銀行の支配人ジョン・ロバートソンに依頼し、香港造幣局の造幣機械一式を購入した。当時、香港を租借していたイギリスは、１８６６年に香港で造幣を開始する。しかし採算面などでうまくいかず、１８６８年には造幣は中止され、造幣機械などは放置されたままだった。

伊藤は、オリエンタル銀行の支配人ジョン・ロバートソンからその話を聞きつけ、造幣機械を６万両で購入する手続きをしたのである。またこの機械を操作するために、イギリス人の造幣技師トーマス・キンドルなど、イギリス人技師を招聘《しょうへい》した。

そして、明治３（１８７０）年の暮れには、大阪造幣寮が稼働を開始し、金貨、銀貨等の貨幣の製造を開始した。

伊藤、大隈の提言により明治４（１８７１）年5月には、「新貨条例」という日本で初めての貨幣法が施行された。新貨条例というのは、貨幣の品位（金銀の含有率など）、貨幣の単位を明確に定めた法律のことである。

また日本の貨幣単位としてこれまでの「両」に変わって「圓（円）」が正式に採用された。また円は、これまで使われていた4進法ではなく、10進法となった。

この「新貨条例」により、１円金貨が日本の本位通貨（貿易などに使われる主軸の通貨）とされた。この１円金貨はアメリカの１ドルと同じ価値を持つように、金の含有量などが調整されていた。当初は、銀貨を本位通貨とする計画だったが、アメリカに視察に行っていた伊藤博文が「金を本位通貨にするのが世界の潮流である」と提案してきたため、一円金貨が本位通貨となったのだ。

明治５（１８７２）年から明治６（１８７３）年の２年間で、本位通貨は４３００万円分も発行された。

こうして、ようやく贋金問題は本当に収束し、日本は近代的な貨幣制度を持つ国となったのだ。

近代的な紙幣の必要性

金貨や銀貨の製造については、一応はこれで解決した。

しかし、まだまだ明治日本の金融は大きな課題を抱えていた。

当時の欧米諸国は、どこも金貨や銀貨だけじゃなく、「紙幣」をも通貨として使用していた。紙幣をうまく活用することで、大規模な経済活動を可能にさせていたのだ。

通貨というのは、実は流通させるのが非常に難しいのである。人々が通貨の価値を認めないと、通貨は流通しない。

中世までの世界は、貨幣として金銀などの貴金属がそのまま使われることがほとんどだった。金や銀などを用いて、金貨、銀貨をつくり、それを通貨として利用するのである。貨幣そのものに貴金属としての価値があるので、人々に信用され流通されやすかったのである。

が、経済の規模が拡大し商取引の量が多くなってきた近代では、金貨、銀貨だけでは、通貨が足りなくなってきた。

金貨、銀貨というのは、金や銀を保有しておかないと製造できないものである。金や銀の量には限りがあるので、経済規模が拡大したからといって、それに応じて金貨、銀貨の量を増やすわけにはいかない。

だから、金貨、銀貨だけを使用していては、経済の拡大に対応できなくなったのである。

その通貨の不足を補う方法として、ヨーロッパでは「紙幣」が使用されはじめたのだ。

紙幣は、中世の中国において最初に使われたとされているが、一般的に使用されるようになったのは、近代のヨーロッパからである。

紙幣は、そもそもは金、銀などの引換券だったものが、通貨代わりに使用されるようになり、いつの間にか「通貨そのもの」になっていったのだ。

欧米諸国では、この紙幣をうまく利用することで、商工業や貿易の発展を促してきたのだ。

だから明治維新後の日本が、商工業を発展させ、貿易を拡大するためには、紙幣の使用が不可欠だったのである。明治新政府は金銀の保有量も少なかったので、なおさらのこと紙幣が必要だったのである。

実は日本でも、江戸時代からすでに「紙幣」は発行されていた。

それは「藩札」と呼ばれるもので、貨幣の不足を補うために、諸藩が発行していたものだ。この藩札も、金との引換券的なものであり、原始的な紙幣だったのである。

が、藩札は、藩の中だけしか通用できないものであり、またその発行についてもいろいろと問題があり、信用性が低いものも多かった。

だから明治新政府としては、信用性と汎用性のある紙幣を、新たにつくる必要があったのだ。

維新初期の財政を担った由利公正

しかし明治新政府は、どうやれば、信用性と汎用性のある紙幣が発行できるのか、皆目見当がつかなかった。というより、今後の日本の金融制度をどうすればいいか、明確なビジョンを誰も持っていなかった。

最初にそのビジョンを示したのは、福井藩の官僚だった由利公正《ゆりきみまさ》である。由利は、かの坂本龍馬の強い推薦により、明治新政府の会計責任者になったのだ。

由利公正は、文政12（1829）年、100石取りの福井藩士、三岡義知《みおかよしとも》の嫡男《ちゃくなん》として生まれる。由利は、藩主の松永慶永《まつながよしなが》に目をかけられ、福井藩の財政を担当し、大きな功績があった。

越前藩は、長年、財政赤字に苦しんでいた。由利公正は、農民や商工人たちの、生産資金が不足しているということを見抜き、この資金を貸し付けるために、藩の信用創造で藩札5万両を発行し、生産者に貸し付けた。

そして生産者の生産性があがったところで、藩が生産物を独占的に買い取った。藩は長崎を初めとした通商ルートを開拓し、生糸、茶、麻などを海外に売り、海外から金銀貨幣を獲得した。

彼が、財政を担当して2、3年で藩財政はみるみるうちに回復したのだ。

坂本龍馬は、由利公正の財政に関する知識にほれ込み、新政府に強く推薦し、新政府がそれを受け入れたのだ。

由利公正は、「五箇条の御誓文」を作成したり、戊辰戦争の際には、大坂の商人から300万両を集めるなどの功績があった。

その由利公正に、明治新政府は財政や金融を委ねることになったのだ。

維新早々、由利公正は明治新政府の財政欠乏を解消するため「太政官札」という紙幣の発行を行なった。

太政官札というのは、太政官（政府）によって紙幣を発行し、それを諸藩（まだ廃藩置県されていなかった）や商人に貸し付けて産業を発展させ、貸付金の利潤で財政を潤わせる、というものだった。

明治元年の段階で、由利の考案した太政官札は2400万両も発行された。

この太政官札は、戊辰戦争の戦費の残債などに充てられた。

さらに明治新政府は、由利の計画のとおりに殖産興業資金として太政官札を諸藩に貸し付けた。

貸付額は1万石につき、1万両を割り当てた。

これは元本に3割の利子をつけて、13年賦で返済するというものだった。つまり1万両を借りた場合、1年あたり千両ずつ返済し、13年で返済額は1万3000両になる、ということだ。

当時、全国で3000万石とされていたので、3000万両を貸し付ければ、3900万両が返済されてくる。

由利公正

そうすれば、戊辰戦争時に、商人に強引に融資させた300万両も軽く返済できる。そして、その残額で正貨を準備し、太政官札と金との兌換にも応じようということである。

このやり方がうまく行けば、安定した金融システムを構築できるはずだった。

しかし諸藩は、3割もの利子を払わなければならないお金を、そうそう借りたがらず、辞退する藩も多かった。

そのため政府は無理やり貸し付けることになった。

また太政官札は藩だけではなく、商人にも貸し付けられた。

これは「勧業貸」といわれるもので、産業発展のための融資ということだった。ただ、この場合、担保として、「御用金調達証文」をとるケースが多かった。

つまりは、戊辰戦争などの際、新政府が商人から徴収した御用金（「後に返済する」という建前だった）を、太政官札で返したようなものだった。

新政府としては、御用金を返す金は持っていないので、太政官札を刷って返したということである。こうすることで、太政官札を市中に流通させることにもなる。新政府としては一石二鳥のアイディアということだった。

この勧業貸の総額は1000万両に及んだ。

「太政官札」の欠点

この太政官札の発行額は総額で4800万両に上った。

由利にとっては、

・この太政官札の貸し付けにより各地で産業を発展させる
・政府は貸し付けた太政官札の利子で潤う

という寸法だった。

彼が越前藩で成功した方法をそのまま国でもやろうとしたのだ。

しかし新政府は物入りが続き、太政官札を発行しても、それは支払いに充てられるばかりだった。太政官札のうち2500万両が貸付には回されず、明治初年の政府の歳入に組み入れられたのである。

また諸藩に貸し付けた太政官札も、似たような経緯となった。

諸藩は、どこも財政が火の車だったので、借りたお金をそのまま戊辰戦争の軍費の支払いに充ててしまったのだ。諸藩に貸し付けた太政官札は、藩の経費に使用するのは禁じられていたが、ほとんどの藩はその禁を破った。金がないときは、背に腹は代えられないのである。

しかも困ったことに、この太政官札は通貨として信用されずに、なかなか市場に流通しなかった。

太政官札は、金や銀との兌換ができない「不換紙幣」だった。

いや、この太政官札は、一応、「正金と兌換する予定」の紙幣だった。太政官札は、「新政府の正金が蓄積されれば兌換に応じる」ということになっていた。

しかし新政府には、現在のところ正金の蓄積はほとんどなく、いつ兌換するのか、ということもまったく決まっていなかったので、事実上は「不換紙幣」だったのだ。

不換紙幣である上に、発行する政府に信用がないのだから、なかなか流通するものではない。

政府は、太政官札を正貨（金貨、銀貨）と同額の流通を強制したりしたが、効果はなかった。

そしてついに政府は、明治元（１８６８）年の12月に太政官札の時価通用を公式に認め「太政官札１２０両を正貨１００両とする」と公示した。等価を強制すれば、ますます流通しなくなったからである。その後、交換レートは、太政官札２４０両に対して正貨１００両にまで下がってしまった（『伊藤博文伝』）。

また由利は、太政官札を諸藩に貸し付けて産業を発展させ、その生産物を政府が一手に買い付け、その利益で財政基盤を確立しようと画策していた。つまり、貿易を政府が一元管理し、貿易による利益を独占しようと考えていたのだ。

そのために、「商法司」という機関もつくっていた。

しかし、これは外国からの強い反対があり、また諸藩や日本の商人たちも自由な貿易を望んだので実現しなかった。

つまり、由利のもくろみはまったくはずれてしまったのだ。

さらに太政官札は、国際問題にも発展した。

貿易などの代金でも太政官札が使われることがあったので、外国商人も当然、太政官札を受け取ることになったが、政府は外国商人たちにも太政官札の正貨（金貨、銀貨）との兌換を受け付けなかった。

外国商人たちにとって太政官札は、正貨にも兌換してくれないし、貨幣価値も不安定であり、不便なことこの上なかった。そのため、外国商館はたびたび日本政府に太政官札の金兌換の要求を行った。

しかし明治新政府は、次のような回答をした。

「太政官札は国内取引のための通貨であり、外国取引とは関係ない。だから太政官札の正貨との兌換には応じないし、外国商社が関税を太政官札で払うことも許されない」

これを聞いて外国商人たちは激怒した。

外国商人たちは貿易の代金として、たびたび太政官札を掴まされるが、それは関税の支払いにも使えない。「関税は正貨で払え」ということである。これは明治政府の「正貨を流出させたくない」という意向が露骨に出ているものである。

外国商人たちは激しい抗議を繰り返し、ついに明治政府も折れざるを得なくなった。太政官札での関税の支払いを認めたのである。

このように太政官札は、問題続出の紙幣だった。

その責任を取らされる形で、由利は維新から早々に財政官を追われることになった。明治2（1869）年2月に、由利は辞職している。

大隈、伊藤が新政府の財政責任者に

この由利公正の後を受けて、明治新政府の財政を担うようになったのが、大隈と伊藤のコンビなのである。

大隈重信は、それまで会計官副知事だったが、由利が辞任した後、大蔵大輔に昇格した。それと同時に、伊藤博文が大蔵少輔となった。

大蔵大輔と大蔵少輔は、大蔵省の実務の長官と副官のようなものであり、二人は事実上の新政府の財政責任者となった。

大隈と伊藤が財政担当になっても、新政府の金融の混迷は続くことになる。

とりあえず、太政官札による混乱を収拾しなければならない。

そのため大隈は「明治3（1870）年までに太政官札と正貨の交換する」と発表した。それと同時に「太政官札は3250万両を限度とし、これ以上の発行はしない」という布告も出した。

これにより、太政官札は金兌換紙幣と同様となった。また太政官札のこれ以上の増刷もされないということになったので、太政官札の価値が安定し、市場にも流通するようになった。

そのころは、ようやく幕末の動乱も落ち着き、新政府への信用が芽生えかけていた時期でもあった。

明治2（1869）年には、蝦夷地に立て籠もった榎本武揚《えのもとたけあき》率いる旧幕府軍も降伏し、とりあえず新政府が日本全土を平定した。それで新政府の信用が高まり、太政官札の価値が安定し、人々も安心して使えるようになったのだろう。このため、通貨問題は一時的に解消された。

しかし今後太政官札の発行をしないということは、それに代わる紙幣をつくらなければならないということである。

アメリカへの視察

伊藤博文と大隈重信は、欧米の新しい財政システム、通貨システムを日本にも導入すべきと考えた。

そのため、伊藤は、明治3（1870）年10月、「アメリカに金融制度の視察にいきたい」という建白書を出した。

なぜアメリカだったのかというと、当時のアメリカは日本と似たような状況にあったからである。

アメリカは、1861年から1865年まで「南北戦争」を行った。

この南北戦争では、北軍のリーダーであるリンカーン大統領は、軍費を調達するために、グリーンバックスという不換紙幣を大量に発行していた。そのため、南北戦争後には深刻なインフレに陥っていた。

戊辰戦争の戦費のために、不換紙幣の太政官札を大量に発行し、金融制度が混乱している日本と非常によく似た状況だったのだ。

が、アメリカはその後、1865年に「国立銀行法」という法律をつくり、国の金融制度を立て直しつつあった。

アメリカの「国立銀行法」というのは、政府が特定の銀行にライセンスを与え、その銀行は政府が発行した特別な国債を一定量購入することを条件に、紙幣発行権が与えられるというものである。

簡単に言えば、「政府の国債を一定量引き受けてくれた銀行には、紙幣の発行権を上げますよ」ということである。

これにより、「全国の銀行が政府の国債を引き受けてくれる上、各銀行が発券する紙幣は、一定の基準が定められているので通貨の安定にもつながる」ということである。

イギリスでは、中央銀行の一行だけが通貨発行の権利を持っているが、アメリカの場合は、複数の銀行に通貨発行権を与える、という点に特徴があった。アメリカは、全国の銀行に発行権を与えることで、全国に散らばっている資産（金、銀など）をかき集め、政府の国債を引き受けてもらおう、ということだったのだ。

伊藤は、このアメリカの事情を知り、アメリカを視察したいと言い出したのだ。

伊藤が政府に出した建白書では
「アメリカの国債償却法および紙幣条例等の書を読み、それが非常に簡便でありながら、道理が通っており、官民ともに有益な制度になっていることに気づかされた」

と述べられている。

この明治3（1870）年の11月に、伊藤博文は渡米し、半年に渡ってアメリカのナショナル・バンクなどを視察している。

そして、帰国後、日本初の「銀行」の創設に向けて動き出す。

伊藤がつくった「国立銀行」

伊藤博文は帰国後すぐに、アメリカのナショナル・バンクを模した「国立銀行」というものをつくる建議を行った。

この伊藤の提案を受けて、明治5（1872）年、「国立銀行条例」が制定された。

国立銀行条例とは、国が定めた手順で銀行をつくれば、その銀行に通貨の発行を認める、というものである。

具体的に言えば、

・国立銀行は資本金の40％を正貨（金貨、銀貨など）で準備し、手元に持っておく
・資本金の60％は太政官札などで準備し政府に預ける
・上二つの条件を満たせば、資本金の60％分までの通貨を発行できる

というものだった。

つまり、資本金の40％分の正貨を準備し、あとの60％は太政官札などを政府に預ければ、預けた太政官札と同額の通貨（銀行券）を発行できる、ということである。この通貨（銀行券）を、市中に貸し出して利息を得るというわけだ。

この新しく発行される銀行券は、金との兌換が義務付けられていたので「兌換紙幣」なのである。兌換紙幣なので、当然、普通に流通するものと考えられたのだ。

なぜ政府（もしくは中央銀行）が通貨を発行せずに、各地に銀行をつくって発券させたのか。

当時、新政府が持っている金、銀、正貨の量は非常に限られていた。金、銀、正貨の保有が少なければ、なかなか信用のある通貨を大量に発行することはできない。そこで民間の資金力に目をつけ、民間に銀行をつくらせて、その保有している金銀を信

用力として通貨を発行させようとしたわけだ。

またこの「国立銀行」は、太政官札を回収するという目的も持っていた。

太政官札というのは、何度か触れたが、明治元年に発行された政府紙幣のことである。あまりに多く発行されすぎたため信用がないうえ、インフレを招いたため、新政府は回収を急いでいたのだ。

国立銀行が、政府に預ける太政官札は、年利6％の利率がつくことになっていた。だから、国立銀行は資本金の60％に対して、年利6％が自動的にもらえることになる。それだけで、資本金全体から見ると3，6％の利益となる。

そして資本金60％分の銀行券を発行し、年利1割で市中に融資すれば6％の収益となる。合わせて年9，6％の収益を得られるという計算だった。

9，6％もの高い収益を得る事業などはあまりないので、この国立銀行は大いに繁盛すると目算されていた。

また国立銀行は、資本金の60％を太政官札で政府に預けるので、政府としては、それだけの太政官札を回収できるということである。

国全体の通貨状況を見れば、国立銀行の資本金60％分の不換紙幣（太政官札）が政

図6　国立銀行の収益スキーム(目算)

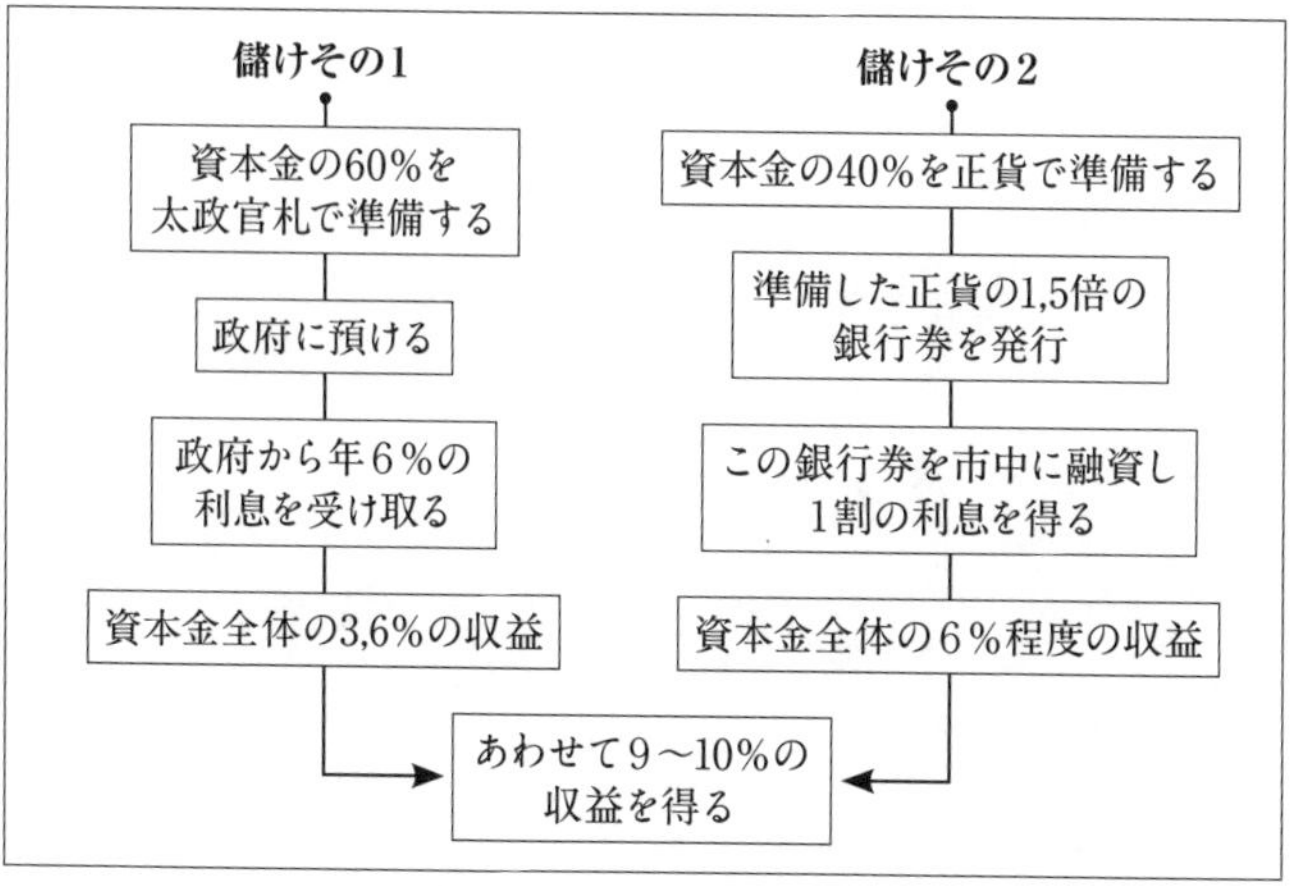

府に回収され、それと同額の兌換紙幣（国立銀行券）が市中に流れることになるのだ。
つまり政府としては自らの保有する正貨はまったく使用することなく、太政官札を兌換紙幣に交換することができるのだ。
金銀の保有が少ない当時の明治新政府にとって、こんなにいい妙案はないということだった。

ところでこの「国立銀行」は民間人がつくるものである。国は、資本も出さないし、経営にもタッチしない。なのに「国立銀行」と呼ぶのは、少し面倒な話である。
この制度は、伊藤の研究でアメリカのナショナル・バンクを模したものなので、「国立」という名称が使われたのだ。

そして、「銀行」という言葉は、渋沢栄一による造語だという。当初は「金行」にしようかという話もあったが、「銀行」の方がしっくりいくので「銀行」になったということである。

ちなみに、この「銀行」という造語は、その後、中国、韓国などでも使われるようになった。中国の中央銀行は、「中国人民銀行」であり、韓国の中央銀行は「韓国銀行」である。彼らは、日本の銀行を模範にして銀行をつくったのである。近代的な「銀行」は、アジアの中では日本が最初につくったということだ。

国立銀行の初動は失敗

しかし、この国立銀行の初動は失敗した。

国立銀行券は正貨と兌換できる「兌換紙幣」だったために、銀行券を手にしたものは皆、正貨との兌換に走ったのである

太政官札は金と兌換できないが、国立銀行券は兌換できる。

人々は金目のものを手元に置いておきたいという心理にかられ、国立銀行券は紙幣として使われずに、正貨との兌換のためだけに使われたのである。

だから国立銀行は銀行券を発行して世間に融資すると、それはすぐに銀行保有の正貨と引き換えられ行内に戻ってくる。そして準備していた正貨は瞬く間に流出していったのである。

この国立銀行は明治8（1875）年までに4行が設立されたが、いずれも業績不振だった。国立銀行をつかって安定した通貨を発行したい、という新政府の目論見は見事にはずれた。

国立銀行の銀行券発行高は総額で147万円だったが、明治8（1875）年12月には、銀行券の流通量はわずか23万円程度だった。つまり、147万円の発券額のうち約124万円は、正貨と兌換されてしまったのである。

〈国立銀行4行の資本金〉

・東京第一国立銀行——資本金244万8000円（当初予定は300万円。200万円を三井、小野が出し、残りを民間公募したが集まらず）※三井、小野は江戸時代からの富商。三井は後に三井財閥となるが、小野は明治前期に破産。

・横浜第二国立銀行――資本金25万円
・新潟第四国立銀行――資本金20万円
・大阪第五国立銀行――資本金50万円

新条例で国立銀行が爆発的に増加

新政府は国立銀行のもくろみがまったくはずれてしまったので、新たな方策を繰り出す。国立銀行条例を大幅に改正し、国立銀行の設立基準を大幅に緩和することで、通貨の発行をしやすくしたのである。

この改正国立銀行条例では「正貨との兌換義務」がはずされ、正貨が流出する心配もなくした。

改正国立銀行条例は、明治9（1876）年8月に公布された。

改正国立銀行条例では、資本金の80％を公債証書で政府に預託し、資本金の20％の政府紙幣を準備金として用意しておけば、資本金の80％分の通貨を発行できるということになったのだ。そして通貨と正貨との兌換はしないこととされた。

つまり民間が持っている公債証書を国立銀行に出資させ、その証書分の銀行券を発行させようというわけである。

この改正国立銀行条例は、「金禄公債」と連動したものである。

「金禄公債」というのは、大名や武家がこれまで受け取っていた秩禄を、「金禄公債」という公債証書で一括して支払ったものである。

明治になってから旧大名や旧武家は、江戸時代まで持っていた領地の年貢米の受け取りの権利などがすべて没収させられ、その代わりに俸禄数年分の金禄公債をもらった。

日本全国の華族、士族に支給されたこの金禄公債、総額はかなり大きなものだった。つまり、旧大名や旧武家は一時的にではあるが、莫大な資産を手にしたわけである。

この巨額な資産を有効活用し、通貨の流通を促進させようということで、国立銀行条例が改正されたのである。

この改正国立銀行条例は、改正前よりも格段に使い勝手がよく、また設立された銀行の業績もよかった。

銀行券は金とは不兌換だったので、商人や市民も、ことさら金兌換に走ることはない。だから、本来の目的である殖産興業のための貸付金として、順調に活用されたのである。

また西南戦争で新政府軍が勝利したことで、新政府の信用力が増し、国立銀行の銀行券は金と兌換しなくても通用するようになったのだ。

そのため全国で次々にこの〝国立銀行〟がつくられた。

明治12（1879）年までに153の国立銀行がつくられ、発券の総額は3393万3000円に及んだ。

この国立銀行は名前をつけるとき、地名などはつけられずに、ナンバーリングだけがされた。現在でも「18銀行」など、数字の名前を持った銀行はいくつか存在するが、それは国立銀行時代につけられたナンバーをそのまま銀行名に使っているのである。

この国立銀行は、その後、幾多の経緯を経ることになり、現在は元の姿はほとんど残っていないが、日本の銀行の起源であることは間違いない。

伊藤博文は、「銀行の父」でもあるのだ。

「日本銀行」の設立

伊藤のつくったこの「国立銀行」にも欠陥はあった。

明治10（1877）年前後には、明治初頭に発行した「太政官札」や全国にある国立銀行が各々発行した「銀行券」など、多くの種類の「紙幣」が濫発されていた。それが西南戦争などの影響と相まって、深刻なインフレを生じさせていたのだ。

この状況は通貨としては、非常に不便なものだった。

そのため、たくさんの国立銀行が各自に通貨を発行するのではなく、通貨発行を一本化した「中央銀行」をつくろうという機運が生まれてきた。

中央銀行の設立を強く推進させたのは、伊藤博文ではない。

薩摩出身の松方正義である。

松方正義

西南戦争が終わった明治10年以降は、伊藤は憲法制定、国会開設などの業務に忙殺されており、とても金融業務まで手が回らなかったのである。

中央銀行が、金銀の兌換券「銀行券」を発行するというシステムは、ヨーロッパ諸国が18世紀末から使用し始めたものである。そしてこのシステムは、現在でも多くの国で使われているシステムである。

この「中央銀行」という世界最先端の金融システムを、松方正義は導入したのである。

松方正義は明治11（1878）年、パリ万博の日本館副総裁として渡仏した際、フランスの大蔵大臣レオン・セイと懇意になった。

レオン・セイは名高い経済学者でもあり、松方に様々な財政上のアドバイスを行った。そして、中央銀行の創設を強く勧めた。

「各種の銀行がバラバラに発券をするのはよくない。政府の保護の下で、中央銀行を設立するのが何より重要である」

と助言したのだ。

このセイの助言が、日本銀行設立に大きく影響したといえる。松方はセイの助言などをもとに、明治14（1881）年9月、「財政議」という提議を出した。この「財政議」で、「日本帝国銀行」の設立を提言したのである。

「中央銀行をつくるべし」という考えは、松方だけのものではなかった。たとえば、明治12（1879）年には、経済学者の田口卯吉《たぐちうきち》が、中央銀行の必要性を訴えた論文を発表している。

中央銀行が、兌換紙幣を発行するためには、その分の正貨を中央銀行だけで準備しなければならない。そのために、松方は、わざとデフレを起こし、国全体の無駄遣いをなくして正貨を蓄積したのである。いわゆる「松方デフレ」である。

そして、正貨を十分にため込んだ後、明治15（1882）年6月に、松方は「日本銀行条例」を布告し、同年10月に日本銀行が営業を開始した。松方の出した「財政議」では、中央銀行の名称は「日本帝国銀行」とされていたが、最終的に「日本銀行」という名称で落ち着いた。

日本銀行が出来ると、前につくられていた例の「国立銀行」は不要なものとなる。そもそも国立銀行は、通貨を発行するためにつくられた制度であり、日本銀行がその役目を果たすことになれば、国立銀行はむしろ邪魔になる。

そのため明治16（1883）年には、国立銀行条例を改正した。これにより、国立銀行は創立から20年しか営業できないことになった。

国立銀行は20年以内に自行が発行した紙幣を償却しなければならない。各地の国立銀行は、急速に自行の紙幣を償却し始め、明治18（1885）年末までに424万円の国立銀行紙幣が償却された。

これにより日本の通貨は、日本銀行が一手に担うことになったのだ。

だから、現行の日本の金融システムを伊藤博文がつくったか、といえばそうではない。日本銀行をつくったのは伊藤ではないからだ。

しかし、「銀行」という概念を日本に持ち込み、政府から独立した機関が通貨を発行するという大枠の仕組みをつくったのは、伊藤博文なのである。

第五章
「大日本帝国憲法」の光と影

維新から10年足らずで「自由民権運動」が巻き起こる

明治維新からしばらくは、日本では薩長などを中心とした政治が行われていた。それは民主的な手続きは一切とられず、戊辰戦争に勝利した官軍側の首脳によって独断的に行われたものだった。

明治の最初の10年間は、この政治体制でやってこられたが、やがて国民の不満が高まってきた。

当時の日本には、欧米諸国の情報もたくさん入ってきており、欧米諸国の多くが一部の幹部による勝手な政治を行うのではなく、「憲法」や「議会」を中心とした政治を行っている、ということも知られるようになっていた。

「日本にもそれを取り入れるべきだ」

という声も強くなってくる。

それが具体的な形となったものが、「民選議院設立建白書」である。

明治7（1874）年正月、征韓論で敗れて野に下った板垣退助、副島種臣、江藤新平などが連名で「民選議院設立建白書」を政府に提出するのだ。

図７　伊藤博文関連年表Ｖ

明治７(1874)年１月	板垣退助、副島種臣、江藤新平などが連名で「民選議院設立建白書」を建議。
明治８(1875)年４月	天皇の名のもとに「立憲政体の詔書」が発せられる。段階的に憲法と議会がつくられることになる。
明治14(1881)年10月	大隈重信が政府から追放される。 10年以内の国会開設の勅諭。
明治15（1882)年３月	伊藤博文、憲法調査のため渡欧。
明治16（1883)年８月	伊藤博文、帰国。
明治22（1889)年２月	大日本帝国憲法発布。

民選議院設立建白書というのは、ざっくり言えば、「国民の選挙によって選ばれる議会をつくるべし」ということである。

明治維新直後に発せられた「五箇条の御誓文」でも、その第一条に「広く会議を興し、万機公論に決すべし」と謳《うた》われている。国民の意見を大事にすべきという思想は、維新当時からあったのである。

が、具体的に「国民の選挙による議会をつくる」というのは、当時の政府高官の頭の中にはなかった。

大隈重信や伊藤博文なども、欧米に議会というものがあることは、もちろん知っていた。しかし、日本にそれが導入されるのはまだ先のことだと思っていたのだ。

板垣退助、副島種臣、江藤新平らは、欧州留学から帰ってきた者たちなどから、欧米流の民主主義の制度を聞きつけ、それを新政府に提案したわけである。

この民選議院設立建白書が出されて以降、いわゆる「自由民権運動」が活発化する。

維新からわずか10年足らずのことである。

10年前には「徳川幕府を倒し、天皇による政治を復古させよう」と大騒ぎしていた日本の社会は、維新からたった10年で「自由」や「基本的人権」を求めるようになったのである。

日本人の変わり身の早さ、物事の飲み込みの早さには恐れ入るばかりである。

この「民選議院設立建白書」や「自由民権運動」は、新政府にとっても無視できないものとなる。

当時、日本中に不平士族があふれていた。

江戸時代、支配特権階級だった武士は、明治維新によりその特権をはく奪され、日々の糧にさえ事を欠く者も多々あった。自由民権運動には、そういう不平士族が大勢流れ込んでいた。

新政府の処し方次第では、その不満が爆発する恐れもあった。

そのため、新政府は、議会をつくることとその裏付けとなる国の基本的な法律（つまり「憲法」）の作成を検討することになった。

民選議院設立建白書が出された翌年の明治8（1875）年には、天皇の名のもと「立憲政体の詔書」が発せられた。

これは、「今後、段階的に議会制度を整えていく」という宣言書である。

この「立憲政体の詔書」により、明治新政府は、近い将来、議会を設立し併せて憲法も制定していくことになったのだ。

大隈重信との決裂

明治新政府の大事業となる「憲法の制定」「議会の開設」も、伊藤博文が中心になって進められることになる。

しかも、この大事業に関しては、これまで数々の改革をともにしてきた盟友、大隈重信の助力は受けることができなかった。

というのも、伊藤と大隈は、憲法制定の過程で決裂してしまうのだ。

新政府が憲法制定を決定してしばらくは、伊藤と大隈はともに憲法の研究をしていた。これまで幾多の日本の近代化事業をともにしてきた両者は、最大の難事業と思われる憲法制定も、お互いに協力し合ってやり遂げようと当初は考えていた。
が、大隈が突然、伊藤を裏切ることになるのだ。

明治13（1880）年、新政府は、憲法の内容について、政府員の間で意見を取りまとめておきたいということで、各参議に対して意見書の提出を求めた。

参議というのは、複数性の首相のようなものであり、現在の総理大臣と各省大臣の中間のようなポストである。当時は、大隈も伊藤もこの参議の職に就いていた。

伊藤は、すぐに意見書を出したが、大隈はなぜかなかなか意見書を出さなかった。

そして、明治14（1881）年3月になってようやく、他の参議には見せないという条件のもとで、有栖川宮《ありすがわのみや》親王にだけ提出した。

有栖川宮親王は、当時、政府としてもっとも高い地位にあった。形式的なものとはいえ、首相的な地位にいたのだ。大隈は同僚の参議の誰にも諮らずに、一番上の上司にだけ自分の意見を述べたということである。

大隈の意見書は、「イギリス式の憲法を2年以内に制定する」という非常にラジカルなものだった。

伊藤が、大隈が秘密裏に意見書を出したこととその内容を知ったのは、3か月後のことだと言われている。
もちろん、伊藤は激怒した。
伊藤は、大隈邸に赴き、次のような言葉で詰《なじ》ったという。

「大久保卿が急逝したとき、あなたは天下はこれより多難だとし、私とともに心を合わせて難局にあたることを誓ったはず。このような大事なことを奉聞にするときに、私に一言の相談もないとは、本当に納得できない」（『伊藤博文公伝』より筆者が現代語訳）

このとき維新後、新政府を支えてきた元勲の木戸孝允、西郷隆盛、大久保利通はすでにいなかった。木戸は西南戦争中に病死、西郷は西南戦争に敗れ自刃。一人残った大久保も、西南戦争直後に不平士族に暗殺されてしまった。西南戦争前後に、維新の「第一世代」は急にいなくなってしまったのだ。

第二世代の代表である大隈重信、伊藤博文らの肩に、この国の行く末が託されることになった。

大久保利通が死去したとき、二人はそのことを身に染みて感じており、「今後はどんな難局も二人で手を携えて対処していく」と誓いあっていたのである。

伊藤は、「なぜその誓いを裏切ったのか」と大隈に詰め寄ったのだ。

大隈はそれに対して、「情報が洩れるのを恐れただけであり、他意はない」と弁解したという。


伊藤としては、まず自分にまったく相談がなかったことで、裏切られた気持ちになったのだろう。

そして、大隈の出した意見書というのは、当時、巷で流布していた「自由民権運動」の考え方に寄せたものだった。

伊藤は、イギリス流の憲法を日本に導入するのは、まだ早すぎると考えており、それはかねてから大隈にも伝えていたはずだった。ましてや、それを2年以内に制定するというのは、あまりに性急すぎる。

なぜ大隈は、このような挙に出たのか。

おそらく、大隈としては、薩長閥への対抗心があったのだろう。

当時は、薩摩藩と長州藩出身者が政府内や軍部内で幅を利かせており、巷の新聞などでは、薩長閥に対する批判が繰り広げられていた。

大隈は、「薩長土肥」と言われた四つの閥の中には入っているが、薩長閥ではない。薩長土肥とは言うものの、土佐と肥前の出身者は、薩長に比べればまったく格落ちの感があり、政府内、軍部内での発言力は低い。大隈にすれば「やりづらい」という気持ちが、以前からあったのかもしれない。

そこで、薩長閥を倒すためのもっとも手っ取り早い方法は、イギリス流の憲法を取り入れ、国民の代表者を国会や政府に送り込むということだと考えたのではないか。

伊藤は、自分としては薩長閥など関係なく大隈を同志だと考えていたのだろう。伊藤は、長州藩出身であるにもかかわらず、幕臣を好んで採用したり、薩摩の大久保と屈託なく付き合うなど、あまり閥を気にしない人物だった。

しかし、閥の外にいた大隈の方はそうではなかったのだ。

伊藤はこのことがよほどショックだったようで、この大隈との会談の後、岩倉具視に対して参議職の辞意を表明し、これ以降、病気を理由に出仕しなくなった。

「明治14年政変」の真相

この直後のことである。

政府を揺るがすような事件が起きる。

政府の黒田清隆の北海道開拓に関する汚職疑惑が、新聞にリークされたのだ。

当時、北海道開拓使長官としていた薩摩藩出身の黒田清隆が、薩摩系実業家の五代友厚に対して、格安で官有物の払い下げを行なった。昨今（2017年）、安倍晋三《あべしんぞう》首相が森友学園という学校法人に、国有地を格安で譲渡したのではないかと疑惑がもたれているが、それと似たようなものである。

この汚職疑惑によって、当時、盛んになりつつあった自由民権運動は、さらに燃え盛ることになった。日本全国で政府批判の嵐が巻き起こったのだ。

この払い下げの情報については、政府の中枢にいる者しか知らないことだった。

当時、政府の内部の人間はみな、自由民権運動に対して危惧を覚えていたので、新聞にリークするなどは考えられないことだった。

そして、もしリークするとすれば、大隈重信しかいないと思われた。

大隈が新聞にリークしたという噂は、政府間だけじゃなく、国民の間にも広がった。

これを受けて、大隈以外の政府員（主に参議）たちは、官有物払い下げを中止し、それとともに大隈に、参議を辞任させるということを決定した。つまり、大隈以外の政府員たちが謀議により、大隈を政府から追放したということである。

いわゆる「明治14年政変」と呼ばれるものである。

当時、伊藤博文は、岩倉具視の説得で政府に出仕するようになっており、大隈追放の謀議にも参加している。

大隈の追放が決まったとき、伊藤は「大隈とは私がもっとも古い付き合いであり、気心も知れているから」ということで自ら大隈邸に出向いて、辞表を出させている。

「10年以内に国会を開設する」と発表

政府は大隈の追放と同時に

「今後10年以内に国会を開設する」

という発表を行った。そのために、10年以内に憲法も策定するというのである。

これは「早急に国会を開設せよ」という自由民権派の要求をそらす狙いがあった。

今すぐには憲法の制定や国会の開設はできないので、とりあえず時間を引き延ばす必要があったのだ。

それでも引き延ばせるのは、せいぜい10年くらいであり、10年以内に国会を開設しなければ、国民の不満は押さえられないだろう、という計算もあった。

また政府が、国会の開設や憲法の制定を急がねばならなかったのは、自由民権運動を押さえるためだけではなかった。

国際関係的にも、そうする必要があったのだ。

当時の日本は欧米列強との間で、不平等条約を結ばされていた。

欧米列強から言わせれば、

「近代的な法整備が整っていない国で、自国民を裁判させることはできない」

ということだった。

明治政府にとって、不平等条約の改正というのは、国家的な懸案事項だったので、それを実現するためには、〝憲法〟の作成は不可欠だったのである。

この明治新政府を悩ませていた不平等条約とは、具体的にどんなものだったのか。

不平等条約の主な点は次の通りである。

・相手国の在日外国人に治外法権を許し、領事裁判権を認める
・関税自主権がない

・最恵国条款により、一国と条件を緩和すれば、列強すべてに同じ条件にしなければならない
・条約の有効期限や廃棄条項がない

外交条約というのは、本来、対等な条件で結ばれるものである。

にもかかわらず、相手国の国民が、日本で罪を犯した場合、日本で裁判をすることは出来ない。日本人が相手国で犯罪を犯せば、相手国の裁判で罰せられるのである。関税も、相手国は自由に設定できるが、日本は自分で設定出来ないのだ。

どこからどう見ても不平等である。

現在の感覚から見れば、このような不平等な条約は絶対に許されるものではない。

それにしても欧米列強はなぜ日本やアジア諸国に不平等条約を強要したのか。

もちろん第一には、国と国との力関係がある。強い国が、その武力を背景にして、都合のいい条件で条約を結んだ、ということである。

それと、日本や他のアジア諸国では近代的な法整備が行われていない、ということも要因としてはあった。

法律によらず、行政官が勝手に刑罰を決めることが出来る国であれば、人権が保障

されない恐れがある。自国民が勝手に逮捕され勝手に罰される危険性があるというわけである。

だから日本としては、「治外法権」条項をはずさせるためには、日本は法整備を整え、人権を守る近代的な国である、というアピールをしなければならない。

そのため日本は、「憲法の制定」と「国会の開設」を急がなければならなかったのだ。

精神的に落ち込む伊藤

大隈重信が去った後、伊藤博文は「国会の開設」や「憲法の制定」という国家の重大問題を一人で考えなくてはならなくなった。

もちろん、伊藤のほかにも、公卿の岩倉具視や長州の井上馨、山縣有朋、薩摩の黒田清隆、西郷従道《さいごうつぐみち》（西郷隆盛の実弟）など、有力な政府員たちはいる。

しかし、幕末から維新期にかけて数々の英傑たちと接してきた伊藤には、「これからは自分がこの国の行く末を決断する立場になる」ということを、自然と自覚していたものと思われる。

伊藤は、この時期、かなり精神的に参っていたらしい。

当時の伊藤には、「重大な責任を背負わされたプレッシャー」と、「仲間がいなくなった寂寥感《せきりょうかん》」が同時に訪れていたのだ。

かつて築地梁山泊で、ともに明日の日本について語り合った仲間たちの多くは、伊藤のもとを離れ、伊藤と敵対する関係になっていた。

土佐系の中島信行《なかじまのぶゆき》、岡本健三郎《おかむらけんざぶろう》らは、自由民権運動に身を投じていたし、陸奥宗光に至っては、明治11年に起きた政府転覆事件に関与したとして、投獄されていたのである。

そして、盟友だった大隈重信の裏切りである。

伊藤博文の落ち込みは、相当なものだったらしい。

この直後に伊藤は、憲法調査のために1年に渡って渡欧することになる。

これは、単に憲法調査だけが目的ではなく、伊藤の精神を休めさせる目的もあったらしいのだ。「1年間、日本を離れて、ゆっくり静養してこい」ということだったのだ。

政府の中枢にいる伊藤が1年近くも渡欧するというのは、政府の内外から批判があった。「東京横浜毎日新聞」や「朝野新聞」でも、この時期の伊藤の長期外遊には疑問が投げかけられている。

しかし、旧友の井上馨が、伊藤の落ち込みが尋常でないことを心配し、他の政府員を説得して渡欧の許可を取り付けたのである。

このとき井上馨が佐々木高行らを説得したときの資料によると、「伊藤は神経症により毎晩不眠で、酒を一升飲んでようやく眠りにつく」というような状態だったという。井上はそれを見かねて、伊藤の渡欧を全力でサポートしたのである。

伊藤博文の「憲法草案」

明治15（1882）年、伊藤博文は、政府の命を受けて、憲法の調査のためにヨーロッパに渡った。

この渡欧は、伊藤にとって、いい気分転換になったらしい。

帰国後、伊藤は憲法制定、国会開設のために精力的に活動し始める。

大隈重信の裏切りは、結果的に伊藤に自立を促すことになったようだ。

この大隈との決別は、伊藤を「愛されキャラ」「弟分キャラ」から脱皮させたものでもあったと思われる。

これまでの伊藤は「誰かの後ろ盾によって仕事をする」という形が多かった。そうすることで、自分の能力を磨き、出世してきた。

幕末は同じ長州藩の木戸孝允に見込まれ、維新後は薩摩藩の大久保利通に信頼され、彼らの庇護の下で大きな仕事をしてきた。

大隈との関係でもそうだった。

大隈は、大久保や木戸に比べれば、それほど有力者ではなかったが、佐賀系を代表する人物であり、伊藤よりも3歳年上だった。

両者の関係は、どちらかというと大隈が主であり、伊藤は副官的な立場で仕事をすることが多かった。新政府も最初は大隈の方を重用したし、伊藤は大隈に追従するのを厭わなかった。

伊藤は、誰かの下で仕事をするのが上手だったので、そういう立場の方が気が楽だったのかもしれない。

しかし大隈と袂を分かったとき、伊藤はついに「自立」を決意したように思われる。

この後、伊藤は、誰かの後ろ盾を得て仕事をするのではなく、自分が前に出ていくようになったのだ。

初代内閣総理大臣に就任

ヨーロッパから帰国した伊藤博文は、まず政府組織の大改革を行った。

それまで明治政府は、古代の律令制を模範にした「太政官」という制度を敷いていた。この太政官制を改め、近代的な内閣制度をつくったのである。

それは今後、憲法を制定し、国会を開設することを見越してのことである。

参議や卿という名称を「大臣」に変え、その責任者として「総理大臣」というポストをつくった。

そしてその近代的内閣の初代首相には、伊藤博文自身が就任した。

「これからは自分が日本を背負って立つ」

という伊藤の意志の表れといえるだろう。

次は、いよいよ憲法の策定である。

伊藤博文は、日本と同じように皇帝がいて、緩やかな立憲政治を行っているドイツの憲法を主要な手本とし、それに欧米各国の憲法の要素や、日本の国情を加味して憲法の原案をつくった。

この憲法策定には、岩倉具視のブレーンだった井上毅も重要な役割を果たした。井上毅は天保14（1844）年、肥後熊本藩士の家の三男として生まれ、幼少期から秀才の誉れ高かった。慶応3（1867）年には幕府が横浜につくったフランス語伝習所などに入るなど、将来を嘱望されていた。

明治3（1870）年、藩の推薦により大学南校（東京大学の前身）に入り、翌明治4（1871）年には司法省に入省する。明治5（1872）年から1年間、ヨーロッパを視察し、ドイツやフランスの法制度を学ぶ。

岩倉具視に重用され、岩倉の憲法草案作成にも携わっていた。伊藤とも、この憲法策定以前から、少なからず交流があった。

「大日本帝国」をつくる

伊藤は、この井上毅と、首相秘書官を務めていた長崎藩出身の伊東巳代治《いとうみよじ》、福岡藩出身の金子堅太郎《かねこけんたろう》らとともに、憲法策定作業を行なった。

明治19（1886）年5月頃、伊藤は彼らに憲法の原則を説明し、明治20（1887）年から憲法をつくり上げていった。

彼らは、神奈川県の夏島や、東京高輪の伊藤邸で合宿をするような形で作業を進めた。

この作業過程においては、築地梁山泊のときのように、身分に関係なく思う存分意見を戦わせた。伊東巳代治の回想によると
「伊藤公の意見を正面から攻撃したことも一度や二度ではない」

という。


そして、翌明治21（1888）年4月には、憲法草案がほぼ完成した。

この憲法草案が「大日本帝国憲法」となるのだ。

明治22（1889）年、明治政府は大日本帝国憲法を発布（発表）し、翌年から施行された。

これにより、日本はアジアで初めて近代的な憲法を持つ国となったのだ。

1876年にはオスマン・トルコ帝国で、立憲政治を目指して憲法が発布されている。しかし、皇帝のアブデュルハミト2世の反対によってわずか1年足らずで停止さ

れた。そのため近代的な憲法を、実質的に保持した国は、日本がアジアで最初なのである。

とにもかくにも、このようにして伊藤の手により「大日本帝国」の骨格がつくられたのである。

ちなみに、「大日本帝国」という国名は、この大日本帝国憲法の制定時に正式に決められたものである。それまでも、大日本帝国という国名は使われることもあったが、日本帝国という国名を使うこともあり、正式な国名とはなっていなかったのだ。

憲法を制定するにあたり正式な国名を明示することになったのだが、井上毅などは国名に「大」をつけるのは品がないとして「日本帝国」にすべしという意見を持っていたという。しかし、伊藤の決断で「大日本帝国」になったのである。

本書のタイトルである『大日本帝国をつくった男』というのは、「伊藤博文が大日本帝国の基本をつくった」という意味だけではなく、「形式的にも伊藤博文が大日本帝国をつくった」という意味もあるのだ。

伊藤博文

なぜドイツ流だったのか

伊藤博文がつくった大日本帝国憲法はドイツ流ということになる。

前述したように、政府内には、当初はイギリスを手本にしようという主張もあった。

これは大隈重信、福澤諭吉らの意向によるものだった。

しかし「イギリスの憲法は、議会の権利が強すぎる」などとして、岩倉具視が中心になってドイツ流の憲法草案大綱がつくられたのだ。

伊藤はその岩倉の意向に沿って、憲法草案をつくったという形になっている。

だから、伊藤はドイツを中心にヨーロッパの憲法研究を行ったのである。

が、伊藤自身も、当初からイギリス流ではなく、ドイツ流にすべきという確固たる信念があったようである。伊藤は個人的な感情で政治を行うタイプの政治家ではない。

個人的な感情を押し殺しても、それが国に必要だと見れば平然と行える政治家だった。

だから、大隈に対する感情的な齟齬で、イギリス流を排除したとは考えにくい。


なぜ伊藤はイギリス流ではなく、ドイツ流を採ったのか——。

伊藤は、幕末にすでにイギリスへの留学経験があるし、在日イギリス大使のパークスや通訳のサトーなど、イギリス人の知人も多い。

伊藤は、イギリスの良さ、強さを非常によく知っている。

当時の日本人の中では、伊藤ほど、イギリスのことを知っていた者は、数えるほどしかいなかったはずだ。

その伊藤が、イギリス流ではなくドイツ流を選んだのである。

それは、単なる感情的なものではなく、理論的な理由があったはずだ。

一方、実は大隈重信は、海外経験が一度もないのである。大隈は、幕末から明治にかけて海外通として知られていたが、それは自ら蘭学を学んだり、日本にやってきた外国人に指導を受けただけなのである。

実際に欧米に赴いて、その文化を肌で感じたことは一度もないのだ。

大隈重信が、イギリス流の憲法を推奨したのは、単に当時、著名となっていた福澤諭吉や、自由民権運動の思想を取り入れたに過ぎなかったのだ。

伊藤は、欧米の文化を肌で知り、政府要人として日本の政治状況も熟知した上で、イギリス流ではなく、ドイツ流の憲法を選んだのだ。

岩倉具視の「憲法草案大綱」

伊藤博文がイギリス流ではなく、ドイツ流を選んだ理由は、岩倉具視がつくった憲法草案大綱にほぼ述べられているように思われる。

明治14（1881）年7月に、岩倉具視は憲法草案の大綱を政府に提出しているが、その中には、なぜイギリス流の憲法ではダメなのか、その理由が明確に述べられている。

それは次のようなものである。

「イギリスの議会制度では、選挙で第一党となった党の議員たちが内閣の大臣を兼ねることになっている。つまり、国会議員の選挙で勝った政党が、政治を担うということになっている。

そういう仕組みでは、政党同士は政権を取ることだけに固執して相争い、国政がおろそかになるのではないか。

そして、イギリスの議会制度では、選挙で第一党が変われば、内閣の大臣は総入れ替えになるということになっている。

もし選挙で第一党が変わるごとに、内閣の人員が総入れ替えになってしまえば、内閣は内外の諸問題に継続して取り組むことはできないし、優秀な人材が適所に配置されなくなる。優秀な人材が決して多くはない今の日本において、それは国政の運営に大きな支障をきたす」


これらの理由は、しごくまっとうなものであり、岩倉具視や当時の政府高官たちが、決して大隈重信や自由民権運動への対抗意識だけでドイツ流の憲法にしようとしたわけではないことがわかる。

日本の実情や国民性を考えたとき、イギリス流の議会制度は合わないのではないか、と考えたのは、的外れなものではないといえるはずだ。

また、この岩倉具視の憲法草案の理由書は、それはまるで現代の日本の政治へ苦言を呈しているかのようにも思われる。

戦後の日本は、イギリス流の議会制度を取り入れた。

そして岩倉の危惧した通り、戦後の日本では、各政党は政権を取ることだけに執着し、選挙に勝つためにありとあらゆる手段を講じることになった。国会がタレント議員や二世議員で溢れかえっているのもそのためである。タレント議員や二世議員ばかりの国会が、まともに国政を担えるはずはないというのは、普通に常識として誰もがわかりそうなものである。

国会という国の中で一番重要な機関の中で、知識も経験もなく、ただただ知名度があるだけの、タレントや二世議員が多数を占めてしまうというのは、世界的にも異常であるし、日本の恥だとさえいえるだろう。

そして、大臣などの内閣のポストは、当選回数などで決められてしまっている。大臣などというのは、専門性や能力がもっとも求められる職務のはずである。そういう一番大事なポストに、素人の2世議員、タレント議員が、当選回数が多いだけで就いてしまうのである。

この現状を見たとき、戦後日本がイギリス流の議会制度を取り入れたことが正解だったとは言えないはずである。

「イギリス流の議会制度は日本の国情に合わない」

と判断した明治の高官たちの方が賢明だったのではないか、と思うのは筆者だけではないだろう。

そして、この岩倉の憲法草案大綱は、ドイツ流憲法を主張した伊藤らの意見を代弁しているものと思われる。伊藤も岩倉と同様の危惧を持っていたのだ。

「主権」が天皇になった理由

大日本帝国憲法というと
「天皇が絶対の存在であることを規定され、国民の権利は厳しく制限された」

というような、戦前の日本の〝悪〟を象徴するような捉え方をさせることが多い。

確かに大日本帝国憲法と今の日本国憲法のもっとも大きな違いは、「主権」である。

大日本帝国憲法での主権者が「天皇」になっているのに対し、日本国憲法では「国民」となっている。

これは、小学校の社会の授業でも教えられることである。そして、我々は、子供のころから、

「日本国憲法の主権は国民になっている」

「だから明治憲法よりはるかに進歩的で民主的なのだ」

というふうに教えられてきた。

何度も触れたように伊藤博文は、大日本帝国の骨子をつくるとき、欧米の国家を手本にしようと試みていた。

当時、世界を牛耳っていたイギリス、アメリカ、フランスなどは、すでに民主主義の制度がつくられていた。何度も欧米に赴き、イギリスに留学経験もある伊藤も当然そのことを知っていた。

彼らの憲法では主権は国民にあるとされ、国民には国政に関して最高の権力が与えられていた。

しかし、伊藤は欧米流の民主主義が、そう単純なものではないことも見抜いていた。イギリス、アメリカ、フランスでは、確かに「自由」と「人権」が非常に守られ、憲法でもそれが明確に決められていた。

しかし、国民すべてが各々気ままに自分勝手に生きていたわけではない。彼らには国家に代わる、ある強力な支配者がいた。

それは「宗教」である。

欧米諸国のほとんどは、キリスト教が国家の礎のようになっており、国民生活のベースになっている。欧米諸国が国家としてまとまっているのは、このキリスト教に要因があるのではないか、と伊藤は考えたのだ。

これがあるために欧米は、民主主義であっても国民がてんでバラバラに自分の要求だけを主張する、ということにはならない。

しかし、今の日本には、欧米のキリスト教にあたるものがない。

「もし欧米の民主主義を今の日本にそのまま移行してしまえば、何の秩序もなく、国民がそれぞれ自分の利益だけを主張して、国家がバラバラになってしまうのではないか」と、伊藤は危惧したのである。

そのため欧米諸国における「キリスト教」のような存在をつくろうと考えた。が、日本にいきなりキリスト教を広めても、国が混乱するだけである。

明治天皇

なので、キリスト教に代わる国の礎となるような思想を作ろうとしたのだ。そして、そのときに天皇制が大きくクローズアップされたということだ。

日本には万世一系の天皇がいる。

天皇の権威は、日本人の多くが知っているところである。

「この天皇を中心にした国家思想をつくれば、キリスト教国家のように国民が団結するのではないか」

伊藤博文はそう考えたのだ。

そのため、天皇を崇拝の対象とすることにし、憲法では天皇を国の主権に置いたのである。


伊藤博文は、憲法を発布するにあたって次のような言葉を残している。


「欧米には宗教（キリスト教）なるものがあり、これが基軸となって国民の心が一つにまとまっている」

「日本にも仏教があるが、昔ほどの隆盛はなく人心のよりどころになっていない。神道も同様である。唯一、皇室だけが人心のよりどころとなっている」

「だから憲法草案においては、君権を基軸に据えている」

（「憲法草案枢密院会議筆記」より要約）

未完成の憲法

岩倉具視の憲法草案大綱では、「この憲法は漸進主義であるべき」と述べられている。

つまり、急に進歩的な制度をすべて取り入れるのではなく、今の日本の国情に応じて、段階的に取り入れていくべきである、だから、憲法も段階的に変更していけばいいという考え方を持っていたのだ。

伊藤博文ももちろんこの「漸進主義」を採っていた。

「漸進主義」は、大日本帝国憲法の基本理念でもあった。

大日本帝国憲法は、明治20年代の日本の情勢を反映してつくられたものであり、後々、日本の社会が安定化すれば、議会にもっと大きな力を持たせればいいと、伊藤博文や岩倉具視らは考えていたのだ（『岩倉公実記』岩倉公旧蹟保存会編／原書房など）。

そして、大日本帝国憲法の条文の中には、しっかり改正の手続きが組み込まれている。

伊藤は、『憲法義解』の中で次のように述べている。

「憲法はむやみに変えることは許されない。しかし、政治の細目については世の成り行きとともに、時期を見て変える必要があり、それなしでは済まされない」

そして憲法改正については、

「慎重を期すために、他の法律変更にはない特別の要件をつくっている」

と説明している。

伊藤や岩倉が「漸進主義」ということを強調したのは、「この憲法がまだ未完成である」ということの裏返しでもある。

維新以来、明治政府はものすごいスピードで欧米諸国の文明を採り入れてきた。

大日本帝国憲法も、ゆっくり時間をかけて吟味するというよりは、「とりあえず形だけを整えよう」ということで急いでつくられたものである。

だから世間が落ち着いてきたら、ゆっくり吟味すればいいじゃないか、ということでもあったのだ。

想定外だった「天皇の神格化」

大日本帝国憲法は、突貫工事でつくられたものなので、様々な想定外の事態が生じ始める。

しかも、その多くは、伊藤博文の死後に深刻化していくのである。

まず、もっとも顕著な「想定外の事態」は、極端な「天皇の神格化」である。憲法を発布した後、時を経るごとに、天皇は極端に神格化されていったのである。

先に述べたように、伊藤は天皇を極端に神格化するつもりはなかった。欧米における教会のような、国民のよりどころになる存在としての天皇を想定していたのである。

憲法では、「天皇は主権者であり侵すべからず」と謳ってあるが、その一方で、伊藤は、議会運営や政治において、天皇が関与しないような仕組みをつくり上げていた。

そして、明治天皇にも「君臨すれども統治せず」という原則を徹底的にレクチャーした。明治天皇は当初、この伊藤の方針に反発し、明治17～18（1884～85）年ごろには、病気だということで出御しなかったり、国の行事をサボタージュしていたこともあったくらいなのだ。

が、明治天皇は、最終的に伊藤の方針を受け入れ、「天皇は政治には関与しない」という原則を守るようになった。

明治天皇、大正天皇、昭和天皇が政治にほとんど口出しをすることがなかったのは、そのためである。


しかし国民の方はそういう「大日本帝国憲法の行間」を読むことなく、素直に「天皇は絶対的なもの」という思想をエスカレートさせていくのだ。

戦前の天皇にまつわる話では、今では考えられないようなものも多数ある。

たとえば、戦前の小学校には、御真影《ごしんえい》（天皇の写真）が飾ってある奉安殿《ほうあんでん》という施設があったのだが、もし小学校が焼けて、御真影を焼いてしまったりすれば、校長は責任を問われることになった。

実際、奉安殿が焼けてしまったばかりに自殺した校長もいる。火災の際に、御真影を守ろうとして焼死してしまった校長もいたのである。

最初に奉安殿が焼けたために自殺したのは、明治31（1898）年の久米由太郎《くめよしたろう》校長だとされている。警察や政府が、久米に責任を強く追及するようなことはなかったが、町議会が強く責任を問うたという。

ちなみにこの久米由太郎校長というのは、作家・久米正雄の実父である。

また昭和9（1934）年には、天皇が桐生《きりゅう》に行幸した際、先導した警察官が道を間違えたために、大問題となり、当該警部が自殺を試みたという事件も起こっている。自殺を試みたのは本多重平警部（当時42歳）である。先導迷走事件の翌々日、自宅において日本刀で左喉をついたが、監視の者が素早く発見したので、一命を取り留めた。この種の事件では、当事者が自殺をすることが多かったため、あらかじめ本多警部には監視人がついていたのである。

天皇の神格化は、学校や警察に限ったことではない。

作家、向田邦子《むこうだくにこ》のエッセイ『父の詫び状』の中には、父親が古新聞を使うときには、御真影が載っていないかどうかチェックしていた様子が描かれている。戦前の日本人の国民生活全般においてに、天皇は重大な存在だったのである。

この天皇の神格化は、大日本帝国憲法を発布して以降のことである。

そして昭和の軍部は、この「天皇の神格化」を最大限に利用することになるのだ。

「天皇の統帥権」について

大日本帝国憲法の暗部として、「天皇の統帥権」も挙げられることが多い。「統帥権」というのは、天皇が軍を直接統帥する権利のことである。大日本帝国憲法では、軍の統帥権が議会や政府から切り離され、天皇が直接握るということになっていたのだ。

昭和の軍部は、この統帥権を盾にとって暴走し、内閣の制御が利かなくなってしまった。そのため「統帥権」は、大日本帝国憲法の欠陥とされているのである。

なぜ、伊藤博文は「天皇の統帥権」をつくったのか。

当時の社会情勢を鑑みて、伊藤はあえてこれをつくっていたのである。

前述したように、当時は自由民権運動が燃え上がっていた時期である。

伊藤博文ら当時の政権側の人間は、自由民権運動などをまったく信用していなかった。自由民権運動には維新後、旧士族が大勢参加していた。彼らは、本当に国の行く末を案じて自由民権運動に身を投じたというより、武士の特権を取り上げられて行き先がなくなった不満をぶつけているだけ、というものも多かった。

だから国会を開設して、彼らが議員となった場合、国の統制が効かなくなるのではないかという懸念を抱いたのだ。

また当時は、近衛部隊が叛乱を起こす事件も起きていた。

明治11（1878）年に、西南戦争の論功行賞などに不満を抱いた近衛部隊の兵卒たちが叛乱し、士官を殺害し、大隈重信の公邸を襲撃、赤坂の仮皇居に進軍したのである。この反乱自体はすぐに鎮圧されたが、天皇直属の部隊である近衛部隊による叛乱だったので、政権にとっては大きな衝撃だった。

この事件は「竹橋事件」と呼ばれるものだが、戦前は極秘扱いとされていた。そのため、事件の詳細が国民に知られたのは戦後のことなのである。

このようなことがあったので、伊藤博文らは、まだ国民にあまり大きな権力を渡してはならないと考えたのだ。

もし自由民権運動などの輩が政権をとったときに、彼らが軍を動かすようになれば、竹橋事件以上のとんでもないことが起きるのではないか、と心配したのだ。

そのため伊藤博文らは、軍を政治から切り離し、天皇の直属とすることで、容易に軍が叛乱したりできないようにしようと考えたのだ。

そして、国が落ち着いてきたら、おいおい憲法を改正し議会の力を強くすればいいと考えていたのだ。

政党政治の自滅によって昭和の軍部が暴走!?

この統帥権（天皇直属軍）という制度は、昭和に入るまでは、それほど問題にはならなかった。

軍は、表向きは天皇の直属であっても、外交政策などは政府が決定していたため、事実上、政府のコントロール下にあったのだ。そして軍も、政府の決定に従うということを暗黙の了解としていた。

また伊藤博文のレクチャーによって、天皇は政治に関与しないということを厳守していたので、天皇が私的に軍を動かすようなこともまったくなかった。

しかし昭和に入って、この統帥権を濫用して、軍部が独走を始めるのだ。

そのきっかけをつくったのは、実は「政党政治」なのである。

昭和5（1930）年の「ロンドン海軍軍縮条約」の締結の際のことである。

ロンドン海軍軍縮条約というのは、日米英仏伊の五カ国が、海軍の保有艦を制限することにより、軍縮をしようというものである。

この条約を政府が締結したとき、政権与党は立憲民政会だった。

当時、野党だった立憲政友会は、今の野党と同じように、政府に少しでもつけ入るすきがあれば、徹底的に糾弾するということを行っていた。

そして、この軍縮条約も、そういうくだらない政争の道具に使われてしまったのだ。

立憲政友会の犬養毅《いぬかいつよし》総裁などが
「政府が勝手に軍縮条約を締結したのは統帥権の干犯《かんぱん》である」

として追及したのである。

「日本の陸海軍というのは、天皇に直属するものであり、政府が勝手に軍縮を決めてしまうのはおかしい」

という論法だった。

立憲政友会としては、それほど深謀術数があったわけではなく、野党の習性として、「いつも政府を攻撃する材料を探している」というだけの話だったのである。

しかし、この統帥権干犯に、軍部が飛びついた。

当時、軍縮により予算を削られてきた軍部は、ここぞとばかりに「統帥権問題」を取り上げた。そして、これ以降、政府が軍に干渉するごとに、「統帥権の干犯」だとして、非難するようになった。

つまり軍部の暴走のきっかけとなる「統帥権の干犯」というものを、最初に主張したのは、軍部ではなく立憲政友会の犬養毅なのである。

そして皮肉なことに、犬養毅は後に軍部の暴走により、「五・一五事件」で射殺されてしまうことになるのだ。

だから、昭和の軍部が暴走したのは、「天皇の統帥権」が原因というより、政党政治の未熟さが原因だったのである。

これは、伊藤や岩倉具視が危惧していたことでもある。

「政党政治のシステムでは、各政党は政権を取るために、どんなことでもするようになる。その結果、国を破たんさせてしまうようなことも起こりうるのではないか」

そういう懸念が、現実となってしまったのだ。

大日本帝国憲法では、そういう危険に対処するために、あらかじめ政党の権力は弱く設定されていた。選挙の結果や政党の勢力だけで、政治が決められないような仕組みにされていたのだ。それでも、このように政党の党利党略のためだけに、国の根幹が壊されてしまうような事態が生じてしまったのだ。

政党政治というのは、欧米の国々が長い時間をかけて、自分たちの国情に合う形で発展させてきたものである。それをそのまま導入するということは、やはり無理があったのである。

「元老制」という機能

「議会制民主主義が日本にはまだ早すぎたのではないか」ということの証左は他にもある。

大日本帝国には、「元老制」という制度があった。

明治維新の元勲とされていた伊藤博文、山縣有朋、大山巌《おおやまいわお》、維新以降の勲により松方正義、井上馨の5人が、元老として日本の政治の元締めのような役割をしていたのである。明治初期にあった立法機関の「元老院」とは違うものである。

この元老制というのは、憲法などで正式に定められた機関ではない。明治維新の元勲が自然発生的につくったものであり、法的な拘束力はなかった。しかし、戦前の政治に大きな影響力を持っていた。

大日本帝国は、憲法を持つ立憲君主制度の国であり、議会が国の中心機能であるはずだった。

しかし憲法を発布し、議会制が始まってからも、元老制という「長老政治」が行われていたのだ。議会が新しい首相を選任するときには、元老の承諾を得なければならない、というのが慣例になっていた。

また新しい首相は、陸軍大臣、大蔵大臣、外務大臣の人事について、元老の承諾を受けなければならなかった。

この元老制は、

「明治の年寄りがいつまでも権力を持ち続けている」

「近代国家にそぐわない制度」

として当時から新聞などで批判されることが多かった。

首相人事を元老たちが行うと「山縣の姦計」などと新聞は書き立てた。

しかし、実はこの元老制が機能している時期は、軍が暴走することはなかったのだ。

昭和の軍部は、新しい内閣が発足したときに首相が気に食わなければ、「陸軍大臣を出さない」という抗議を行った。

陸軍大臣は、現役の陸軍幹部から出すことになっており、陸軍が大臣を出さなければ、組閣できない。必然的に、内閣は陸軍の了承を得なければ、成立しないことになり、軍の権力が強まるのである。

しかし、元老制が機能していたときは、軍は元老の影響下にあった。元老に逆らえる軍人などだれもいなかったのだ。だから首相は元老の承諾さえ得られれば、軍の意向にかかわらず内閣をつくることができたのである。

また元老たちは、軍事予算の調整などにも一役買っており、軍部の要求をある程度組み入れる代わりに、予算を無制限に増額させることは防いでいたのだ。


しかし、この元老制は昭和に入るとほとんど機能しなくなる。

元老制は世間の批判もあり、新しい元老を加えなかったため、元老たちが死んでいくと、その権能は低下していった。

そして昭和15年に最後の元老、西園寺公望《さいおんじきんもち》が近衛文麿《このえふみまろ》を首相に推輓《すいばん》したのを最後に、元老制は消滅した。

元老制は、民主主義の原則から逸脱したものであり、西洋風の近代国家像から見れば、時代遅れの制度でもある。

しかし日本やアジアには、社会の重要な判断は年長の勲功者が決めるという風習があり、それはそれで円滑な社会運営には欠かせないものだった。

「平等」で「進歩的」とされる民主化を急いだばかりに、日本は社会全体を崩壊させてしまったのかもしれない。

伊藤博文のつくった大日本帝国憲法に落ち度があるとすれば、それは天皇主権にしたことや軍を天皇の直属にしたことではなく、あまりにも早急に他国の制度を採り入れようとしたことにあるのかもしれない。

そして、現代の日本も、この大日本帝国憲法の欠陥を決して修正できていないのではないかと思われる。二世やタレントばかりで占められる国会に「優秀な人材が集まっている」とはお世辞にも言い難い。

それは、他国で考案された「議会制民主主義」をよくよく吟味したり、自国に合うように調整することなく、ほぼそのまま導入してしまったことの弊害だといえるのではないか。

あとがき　〜伊藤博文が危惧した未来の日本とは?

本書では、伊藤博文の人生をなぞりながら、「大日本帝国」の成り立ちを検討してきた。

伊藤の人生という視点から見れば、大日本帝国憲法制定の時点で終わるのは、いささかか尻切れトンボの感があるかもしれない。

が、本書は「伊藤博文がいかにして大日本帝国という国を発足させたか」ということがメインテーマとなっているため、紙面の都合もあり、ここで終了させていただいた——。

大日本帝国憲法制定後も、伊藤博文の人生は波乱万丈でありつづけ、また多々の功績を残し続けた。

首相としての伊藤は、旧友であり一時期には敵対した陸奥宗光を外相に起用し、幕末以来の懸案事項だった不平等条約を改正した。

また、「日清戦争」時には的確な戦争指導で、大勝した上に、長引かせずに終了させた。「日露戦争」では、腹心だった金子堅太郎《かねこけんたろう》をアメリカに派遣し素早い講和を実現させた。

晩年は、韓国問題に心を砕いた。伊藤は、当初、「韓国併合」には反対しており、韓国の自立を促す諸政策を講じていた。が、韓国の治安悪化などで韓国併合が決まった後は、韓国併合のスムーズな成立に向けて尽力した。

伊藤の後半生も、非常に興味深いものであり、またそれは日本の近現代史とリンクしているものなので、筆者としては、もし機会があれば執筆したいと考えている。


本文でも述べたように、大日本帝国憲法や帝国議会には、様々な欠陥があった。が、それは伊藤博文や岩倉具視の責めに帰すことはできないと、筆者は思う。

欧米の帝国主義の全盛期に、アジア、アフリカ諸国が軒並み侵食されていく中で、すばやく近代化して、まがりなりにも立憲国家をつくり上げて、日本を守り抜いた功績は偉大なものである。

冷静に分析すれば、彼らにしてみれば、あれで精いっぱいであり、むしろ出来すぎなほどだったといえる。

その後の大日本帝国の災禍については、その後の人々の能力不足、判断誤りに帰すべきだろう。明治日本があまりにもうまく行き過ぎたために、後世の人々は大日本帝国憲法が「漸進主義」だったことを忘れてしまった。

そして、徐々に大日本帝国憲法の欠陥部分だけが浮き彫りになり、それを修正できるものがいなかったのである。


「太平洋戦争」という史上最悪の災禍を引き起こした大日本帝国憲法の欠陥は、現在の憲法にも引き継がれているといえる。

「政党は政権を取ることばかりに執心し国政がおろそかになる」

「本当に優秀な人材が国会や政府に集まらなくなる」

という、帝国議会を設立するときの岩倉や伊藤の危惧は、今の日本の政治をそのまま言い当てているものである。

世襲議員やタレント議員ばかりが氾濫する今の日本の国会が、「優秀な人材が集まっている」とは到底言い難い。これでは、「なんのために、江戸時代の世襲制を廃止したのか……」ということである。

今の日本は、国家の存亡の危機ともいえる「少子高齢化問題」を抱えている。人口動態がこのままいけば、日本はどんなに頑張っても必ず衰退してしまう。この少子高齢化問題は、実は20年以上も前からわかっていたことである。

しかしこの20年間、政治は何も手を打ってこなかった。少子化になって随分経つにもかかわらず、未だに待機児童問題は解決されていない。

また大学の授業料はこの20年で急激に値上がりしたために、大学生の半分以上が奨学金という名の借金を背負わされている。今の日本は少子化対策をするどころか、どんどん子供を育てにくい社会にしているのだ。

それは元をただせば、国会や政府に、優秀な人材がいないことが原因だと思われる。

伊藤博文や岩倉具視が、今の日本を見たならば、

「まだ日本人は立憲民主主義を運営するのは無理なのではないか？」

と思っているはずだ。

「本当に優秀な人材を国会や政府に集め、国の将来のためになる政治を行うにはどういうシステムにすればいいのか？」――。

我々は、それを真剣に考えなくてはならない時期にいる気がしてならない。というより、もっともっと早くこのことを我々は考えるべきではなかったか。

＊

最後に、ＫＫベストセラーズの武江浩企氏、菊池企画をはじめ、本書の制作に尽力していただいた皆様にこの場をお借りして御礼を申し上げます。

武田知弘

２０１７年12月

主要参考文献

『伊藤公全集』伊藤博文、小松緑（編）／伊藤公全集刊行会
『伊藤博文伝　上・中・下巻』春畝公追頌会（編）／統正社
『維新風雲録・伊藤井上二元老直話』末松謙澄（編）／哲学書院
『明治前期財政史』坂入長太郎／酒井書店
『明治財政の基礎的研究』沢田章／柏書房
『伊藤博文・近代日本を創った男』伊藤之雄／講談社学術文庫
『伊藤博文・知の政治家』瀧井一博／中央公論新書
『秩禄処分』落合弘樹／中公新書
『廃藩置県』松尾正人／中公新書
『地租改正法の起源』丹羽邦男／ミネルヴァ書房
『日本産業史1』有沢広巳（監修）／日本経済新聞社
『渋沢栄一・雨夜譚』渋沢栄一／日本図書センター
『伊藤博文　上・下巻』豊田穣著／講談社
『近代日本の軍事と財政』室山義正／東京大学出版会

『西洋の支配とアジア』K・M・パニッカル、佐久梓(訳)／藤原書房
『防長回天史』末松謙澄／柏書房
『日本の経済発展と金融』寺島重郎著／岩波書店
『軍備拡張の近代史』山田朗／吉川弘文館
『幕末維新の経済人』坂本藤良／中央公論社
『明治政府と英国東洋銀行』立脇和夫／中公新書
『日本銀行を創った男』渡辺房男／文藝春秋
『日本経済史』石井寛治／東京大学出版会
『文明史のなかの明治憲法』瀧井一博／講談社選書メチエ
『明治憲法の思想』八木秀次／PHP新書
『幕末の武家』／柴田宵曲／青蛙選書
『西洋化の構造』園田英弘／思文閣出版
『幕末維新期の外交と貿易』鵜飼政志／校倉書房
『幕末日本と対外戦争の危機』保谷徹／吉川弘文館
『明治の外国武器商人』長島要一／中公新書
『英米仏蘭連合艦隊・幕末海戦記』アルフレッド・ルサン、安藤徳器・大井征（訳）／平凡社

◎著者略歴

武田知弘（たけだ・ともひろ）

1967年福岡県生まれ。西南学院大学経済学部中退。1991年大蔵省入省。1998年から執筆活動を開始。1999年大蔵省退官、出版社勤務などを経て、フリーライターとなる。歴史の秘密、経済の裏側を主なテーマとして執筆している。主な著書に、『ナチスの発明』『大日本帝国の真実』（ともに彩図社）、『ヒトラーの経済政策』（祥伝社）、『ワケありな日本経済』（ビジネス社）、『世界一自由で差別のない国・日本』（小社）などがある。

大日本帝国《だいにっぽんていこく》をつくった男《おとこ》
初代内閣総理大臣《しょだいないかくそうりだいじん》・伊藤博文《いとうひろぶみ》の功罪《こうざい》

2018年１月30日　初版第１刷発行

著者　武田知弘《たけだともひろ》

発行者　栗原武夫
発行所　KKベストセラーズ
〒170-8457
東京都豊島区南大塚2-29-7
電話 03-5976-9121
http://www.kk-bestsellers.com/

印刷所　近代美術株式会社
製本所　株式会社積信堂
ＤＴＰ　株式会オノエーワン
装幀　神長文夫＋柏田幸子
写真　国立国会図書館、東京大学史料編纂所 古写真データベース
編集協力　菊池真（菊池企画）

定価はカバーに表示してあります。
乱丁、落丁本がございましたら、お取り替えいたします。

ISBN 978-4-584-13846-5　C0095